Band 309

Waltraut Küppers

Psychologie des Deutschunterrichts

Spracherwerb, sprachlicher Ausdruck, Verständnis für literarische Texte

Verlag W. Kohlhammer
Stuttgart Berlin Köln Mainz

CIP-Kurztitelaufnahme der Deutschen Bibliothek

Küppers, Waltraut:

Psychologie des Deutschunterrichts: Spracherwerb, sprachl. Ausdruck, Verständnis für literar. Texte
Waltraut Küppers. – Stuttgart, Berlin, Köln, Mainz: Kohlhammer, 1980.
(Urban-Taschenbücher; Bd. 309)
ISBN 3-17-005576-3

Stuttgart Berlin Köln Mainz
Verlagsort: Stuttgart
Umschlag: hace
Gesamtherstellung: W. Kohlhammer GmbH
Grafischer Großbetrieb Stuttgart
Printed in Germany

Inhalt

Einführung 7

I. Sprache und Spracherwerb 14

1. Wortschatz 17

2. Wortschatzprüfungen 18

3. Wortschatz und Milieu 20

4. Der Wortschatz der deutschen Erstlesebücher 23

5. Wortschatzerweiterung in der Sekundarstufe 24

II. Der sprachliche Ausdruck in Primar- und Sekundarstufe 26

1. Der Aufbau der Syntax 26

2. Mündliche Darstellungsformen 29

3. Schriftliche Darstellungsformen 31

4. Der Gebrauch der Adjektiva 36

5. Stilformen des Erzählens 38

III. Das Verständnis für literarische Texte 43

1. Lesertypologie 45

2. Die Rezeptions- und Verständlichkeitsforschung 48

3. Untersuchungen an poetischen Texten 52

a) Untersuchungen an Prosatexten: 56
Das Verständnis des Schülers für Fabeln 56
Das Verständnis des Schülers für die Kurzgeschichte . . . 62
Das Verständnis des Schülers für den Roman 72

b) Untersuchungen an Texten der Poesie 78
Das Verständnis des Schülers für das Kindergedicht 78
Das Verständnis des Schülers für die Ballade 82
Das Verständnis des Schülers für moderne Lyrik 86

Diskussion der Ergebnisse 90

Textanhang 99

Anmerkungen 111

Einführung

A.

Nur was lernbar ist, sollte gelehrt werden. Diese schlichte Selbstverständlichkeit wird oft übersehen. Es gilt deshalb zu fragen:

Was können Schüler verschiedener Altersstufen aus dem ihnen angebotenen Stoff entnehmen?
Welche psychologischen Voraussetzungen müssen beachtet sein, damit Unterricht effektiv wird?
Wie ist das interdependente Verhältnis zwischen den Lehrzielen eines Sachgebietes und dem Lernvermögen der Schüler?

Jedes Unterrichtsgebiet enthält unterschiedliche, spezifische Denkkategorien, und die Lehrinhalte der verschiedenen Fächer erfordern eine je verschiedene Betrachtungs- und Urteilsweise. Das heißt: Jede Disziplin entfaltet durch ihre spezielle Gesetzlichkeit andere Möglichkeiten des Denkens, des Lernens, des Behaltens, sowohl im einzelnen Heranwachsenden als auch in der Wirkung auf gemeinsames Lernen, Austauschen, Sich-Anregen usw. Ja, sie bedingt auch verändernde Wirkungen auf die Gruppe der Schüler und die Schüler-Lehrer-Beziehung.
Neben einer Fülle von Arbeiten über Lernpsychologie, die auf Schule und Schüler bezogen sind, neben ungezählten Veröffentlichungen über sozialpsychologische schulische Probleme finden sich – trotz aller Curriculumdiskussionen über diesen Gegenstand – kaum Arbeiten, die das Verhältnis zwischen den Lehrzielen eines Sachgebietes und dem Lernvermögen der Schüler analysieren.
Es handelt sich hier um eine ausgesprochene Forschungslücke. Dieser Gesichtspunkt ist bisher weitgehend übersehen worden. Das ergibt sich wohl aus dem Tatbestand, daß der Psychologe den Sachanspruch dem Didaktiker überläßt.
Aber auch der Fachdidaktiker darf schulisches Geschehen nicht nur vom Stoff aus wahrnehmen. Die legitime Fragestellung muß stets lauten, was kann ein Schüler einer Sache, einem Bildungsgut entnehmen? Denn es geht innerhalb der Institution Schule überhaupt nicht um Sachen als solche, sondern nur um Sachen in Korrespondenz mit dem Schüler.
Die überall offenbleibenden Fragen liegen in der Analyse des Lernstoffes. Der zu leichte Stoff langweilt Schüler aller Altersklassen, der zu schwere Stoff vermag weder Motivation, noch Behalten,

noch Verständnis zu erzeugen. In allen Jahrgangsstufen und Sachgebieten wird sehr vieles gelehrt, was oft nicht oder nur von wenigen Schülern gelernt werden kann.
Sachstrukturelle Gesichtspunkte, ja sachimmanente Zwänge des Stoffes werden so gut wie nicht beachtet. Nur von hier aus aber kann die Frage, was gelehrt werden kann und nicht, was gelehrt werden soll, entschieden werden.
Sicher ist es nicht die Aufgabe der Psychologie, *Curricula* zu erstellen. Lehrziele formuliert die Gesellschaft für die jeweilige Epoche und die künftige Generation. Sie hat dabei jedoch zu bedenken, ob diese angebotenen Lerngegenstände sowohl lernbar als auch lehrbar, d. h. umsetzbar in Unterricht sind. Mancher Lehrplangestalter sollte sich wohl selbst fragen, ob er nicht allein vom Bildungsstoff ausgegangen ist und den Schüler dabei vergessen hat. Bei Durchsicht vieler Lehrplanentwürfe fällt auf, daß vom Schüler überhaupt nicht die Rede ist.[1]
Wenn die Psychologie auch nicht zu sagen hat, was gelehrt werden soll, so muß sie doch gefragt werden, ob die angebotenen Lerngegenstände für Schüler sinnvoll und faßbar sind. Insofern muß der Psychologie eine korrigierende Stimme innerhalb der Curriculumdiskussion zugestanden werden. Alle Fragen des Curriculum stehen und fallen mit einer Klärung des Verhältnisses zwischen Schüler und Lerngegenstand.
Denn die gegenwärtige Curriculumdiskussion, die die Frage nach dem Lernvermögen des Schülers weitgehend ignoriert, hat ihre Rechnung ohne den Wirt gemacht.

B.

Die Analyse des Lerngegenstandes, um die es hier geht, gehört zum Arbeitsgebiet der *Unterrichtspsychologie*. Diese bemüht sich um eine Veränderung, d. h. um eine mögliche Verbesserung von Unterricht aufgrund von psychologischen Daten.
Diese Zielsetzung hat eine lange Tradition. Schon Meumann versuchte 1911 mit seiner experimentellen Pädagogik eigentlich eine Grundlegung der Unterrichtspsychologie.[2] Sie entstand damals aus dem Bedürfnis, der herrschenden, normativen Pädagogik eine empirische Wissenschaft gegenüberzustellen, dem Sollen ein Wissen um die Tatbestände entgegenzuhalten, damit sich die praktische Pädagogik daran orientiere.
Wenn man von dem alten Schema des »pädagogischen Dreiecks« ausgeht, so sind die Hauptfaktoren, die Unterricht bestimmen: Der

Schüler (oder die Gruppe der Schüler), der Lehrer (oder ein Lehrer-Ersatz) und der Lerngegenstand.

Man könnte also eine *Schülervariable,* eine *Lehrervariable* und eine *Gegenstandsvariable* herausstellen. Diese drei Säulen stehen jedoch nicht statisch nebeneinander, sondern sind durch *Prozeßvariablen,* in denen sich Unterricht vollzieht, verbunden.

Fast alle Neuerscheinungen zur Unterrichtspsychologie gehen heute von der *Schülervariable* aus; so z. B. Dietrich 1972, Klausmeier und Ripple (deutsche Übersetzung) 1973 ff., Ausubel (deutsche Übersetzung) 1974, Tewes 1976, Keil 1977.[3]

Affektives oder kognitives Lernen und Behalten, Motivation, Entwicklung der Lern- und Leistungsbereitschaft, intellektuelle Faktoren, soziokultureller oder genetischer Hintergrund des jungen Menschen werden erörtert, geschlechts- und entwicklungspsychologische Differenzierungen werden besprochen. Zum Teil werden diese Daten nur vom Schüler aus, zum Teil werden sie in bezug zur Institution Schule gesehen (Dietrich/Tewes).

Natürlich gehören in diesen Zusammenhang auch diejenigen Arbeiten zur Lernpsychologie, die sich mit schulischem Lernen befassen und die im Titel nicht ausdrücklich auf Unterricht bezogen sind.

Das gleiche gilt für die Fülle von Veröffentlichungen zur Sozialpsychologie, die sich auf den Raum der Schule einschränken. Denn der Schüler ist freilich nicht nur individuelle Person, sondern Teil der Schülerschaft. Er lebt im Feld der Wechselbeziehungen der Schüler untereinander, aber auch innerhalb der Dynamik von Schüler und Lehrer. So gehören die sich hier abspielenden Gruppenprozesse zum Gebiet der Schülervariablen innerhalb der Unterrichtspsychologie.

Darüber hinaus ist die *Lehrervariable* eine die Unterrichtspsychologie mit konstituierende Größe. Lehrerpersönlichkeit, Lehrstil, methodisches Vorgehen im Unterricht oder gar Lehrer-Ersatz bzw. Lehrer-Äquivalent, d. h. personfreie Unterrichtsmittel, gilt es zu analysieren.

Bei den neueren Veröffentlichungen spielt dieser Aspekt jedoch eine verhältnismäßig untergeordnete Rolle.

Schließlich aber versuchen einige Arbeiten – mehr der Unterrichtsforschung, denn der Unterrichtspsychologie –, so vor allem Gage/Ingenkamp 1970 ff. und Dohmen/Maurer/Popp 1972, den Verlauf des Unterrichtsgeschehens, also die *Prozeßvariable* herauszustellen.[4] Sie fußen dabei meist auf den Untersuchungen von Winnefeld, Medley/Mitzel, Flanders und der Gruppe um Schulz.[5] Didaktische Kasuistik, Unterrichtsbeobachtung und -beschreibung, Unter-

richtsplanung werden ebenso vorgestellt wie etwa programmierte Instruktion und kybernetische Verfahrensweisen.
Schließlich gehört, wie gesagt, die *Gegenstandsvariable* zu diesem Arbeitsgebiet. Denn was Schule von allen anderen Erziehungs- und Lernprozessen unterscheidet, ist der Umgang mit einem Lerngegenstand. Um im Bilde des pädagogischen Dreiecks zu bleiben: Die Variable Stoff, Sache, Bildungsgut ist schließlich neben dem Schüler die wichtigste Komponente der Unterrichtspsychologie. So sollte es ihre primäre Aufgabe sein, die Wirkungen verschiedener Bildungsstoffe auf den Schüler herauszuarbeiten.
Sucht man nach Materialien, die dem hier zentral gestellten Aspekt Rechnung tragen, so finden sich in einigen älteren Lehrerhandbüchern,[6] und in dem schon erwähnten Handbuch der Unterrichtsforschung von Gage/Ingenkamp, einige Hinweise über das Verhältnis von Lerngegenstand und Schülerkapazität. Auch eine länger zurückliegende Veröffentlichungsreihe von Hansen[7] ging von diesem Gesichtspunkt aus. In jüngster Zeit bemüht sich die Rezeptionsforschung, wie weiter unten dargestellt wird, um diesen Ansatz. Außerdem liegen zur Zeit kleinere Arbeiten über den Fremdsprachen- und Mathematikunterricht vor, die die hier zur Diskussion stehenden Aspekte aufgreifen.[8]
Meine eigene Untersuchung ›Zur Psychologie des Geschichtsunterrichts‹ ging von dieser Fragestellung aus. Ebenso habe ich mich in meinen Arbeiten »Zur Psychologie des politischen Unterrichts« und »Zur Psychologie des Erdkundeunterrichts« bemüht, in einer Analyse des jeweiligen Bildungsgutes die für Schüler affinen bzw. diffugen, d.h. die leicht bzw. schwer faßbaren Stoffe herauszuarbeiten.[9]

C.

In der hier vorliegenden Schrift wird nun versucht, diesen Ansatz für das *Schulfach Deutsch* fruchtbar zu machen. Es geht also um das wechselseitige Verhältnis zwischen den Lehrzielen dieses Faches und dem Lernvermögen der Schüler. Es gilt, die emotionale und die kognitive Kapazität der jungen Menschen in Korrespondenz zu den angebotenen Stoffen zu setzen; d.h. die psychologischen Voraussetzungen, auf denen deutschsprachige Prozesse in einer deutschsprachigen Schule aufbauen, zu kennzeichnen.
Praktisch sind alle Schulfächer in einer deutschen Schule primär deutschkundliche Fächer. In jedem Schulfach – auch in Mathema-

tik, z.T. auch im fremdsprachlichen Unterricht – vollziehen sich Informationen weitgehend mit Hilfe der deutschen Sprache. Ersatzsymbole, Formeln, Zeichen werden eingeführt und erklärt mit Hilfe von deutschen Metaphern. Der neuzeitliche Fremdsprachenunterricht versucht zwar sehr früh sowohl grammatische Erklärungen als auch thematische Besprechungen in der jeweiligen Fremdsprache durchzuführen, auf die Hilfe des deutschen Wortes kann trotzdem nicht ganz verzichtet werden.
Dabei sind die verschiedenen Schulfächer in unterschiedlicher Weise von der deutschen Sprache, d. h. zugleich auch von der Qualität der Sprechweise abhängig. Das differenzierte Vokabular des Lehrers spielt vielleicht in der Leibeserziehung, vielleicht auch in der Kunst- oder Musikerziehung oder auch in Mathematik und in den Naturwissenschaften eine etwas weniger wichtige Rolle als beispielsweise in Sozialkunde, Geschichte, Geographie, Religion.
Für alle Fächer – außer Deutsch – wird der Gegenstand »Deutsches Wort« gesprochen oder geschrieben zum Mittel der Darbietung ihrer Inhalte.
Nur im Fach Deutsch sind Wort und Syntax *Mittel und Material* zugleich. Alle anderen Fächer beschäftigen sich mit Hilfe des Mittels »Deutsche Sprache« mit bestimmten anderen Materialien ihrer Sachgebiete. Aus dieser Sonderstellung, daß Sprache hier – zwar wie in allen anderen Fächern – als Mittel verwendet und gebraucht wird, aber als Material Inhalt des Deutschunterrichts ist, ergibt sich die Fragestellung.
Beispielhaft mögen einige in den Lehrplänen verschiedener Länder formulierte Lehrziele für den Deutschunterricht aufgeführt werden. So hieß es z. B. in den Hessischen Bildungsplänen von 1957: »Muttersprachliche Bildung ist ein wesentliches Anliegen des gesamten Unterrichts. In ihrem Dienste nimmt sich der Deutschunterricht besonders der folgenden Aufgaben an:
a) der sprachlichen Techniken: Lesen, Schreiben und Rechtschreiben,
b) der Sprachgestaltung im mündlichen und schriftlichen Ausdruck,
d) der Sprachbetrachung in der Sprachlehre und Sprachkunde,
d) des Spracherlebens an Dichtung und Prosa.«[11]
In den Hessischen Rahmenrichtlinien Deutsch Sekundarstufe I von 1972/73 aber heißt es: »Der Deutschunterricht hat die Aufgabe, die sprachliche Kommunikationsfähigkeit der Schüler zu fördern . . .«[11] Um diesen Unterricht auf vorläufige Weise genauer beschreiben zu können, ist der Deutschunterricht in »drei Arbeitsbereiche untergliedert worden:

– Sprachliche Übungen: Mündliche und schriftliche Kommunikation,
– Umgang mit Texten,
– Reflexion über Sprache«.[12]

In den Hamburger »Richtlinien und Lehrplänen« von 1974 wird formuliert: »Der Deutschunterricht hat Sprache als Mittel der Selbstdarstellung, der zwischenmenschlichen Verständigung und der öffentlichen Kommunikation zum Gegenstand. Aufgabe des Faches ist es, unter diesen Aspekten ein bewußtes Sprachverhalten zu bewirken durch:
– Erweiterung des Sprachgebrauchs (Sprechen/Schreiben),
– Erweiterung des Sprachverständnisses (Hören/Lesen),
– Betrachtung der Sprache und ihrer Verwendung (Reflexion über Sprache).

Die Erweiterung des Sprachgebrauchs und des Sprachverständnisses sowie die Sprachbetrachtung sollen dazu beitragen, die gegenseitige Bedingtheit von Sprache und sozialem Handeln zu verdeutlichen . . .«[13]

Im Bayerischen Lehrplan von 1971 für die Grundschule werden in einer kurzen Präambel für das Fach Deutsch folgende Forderungen aufgestellt:

»Durch einen alle Fächer und das Schulleben durchdringenden Sprachunterricht soll das Grundschulkind nach und nach über Sprache als geistigen Zugang zur Wirklichkeit verfügen lernen. Dieser Aufgabe der Spracherziehung in der Grundschule dient der muttersprachliche Unterricht in seinen einzelnen Teilbereichen in Form von planmäßigen Lehraufgaben, die auch in ihren wechselseitigen Bezügen zu sehen sind.«[14]

Für die mündliche Sprachgestaltung werden dann vor allem »die Schulung des Sprechens, die Schulung des Zuhörens und Verstehens, die Anleitung zum Gespräch«[15] herausgestellt.

In den »grundsätzlichen Überlegungen« des Lehrplans Deutsch für die Hauptschule in Nordrhein-Westfalen von 1968 werden als »Aufgaben und Bildungsziel des Deutschunterrichts« vier Funktionen von Sprache genannt:

»a) Die Sprache dient der mitmenschlichen Begegnung (Sozialfunktionen der Sprache). Sie ermöglicht überhaupt erst Kommunikation . . .

b) Die Sprache dient der Erschließung der Welt. Sie ordnet, wertet, konstituiert die Erscheinungen unserer Welt; sie stiftet überhaupt erst Wirklichkeit . . .

c) Die Sprache dient der Entfaltung der Individualität. Sie ermöglicht Bildung und Selbstbildung der Persönlichkeit . . .

d) Die Sprache läßt sich zum gestalteten Werk steigern. Sie schafft in der Literatur und Dichtung eine Wirklichkeit eigener Art...«[16]

Im Grunde genommen bewirken die Notwendigkeiten des Deutschunterrichts eine gewisse Übereinstimmung. Je nach ideologischer Einstellung der Lehrplanhersteller wird dabei der Akzent mehr auf die kommunikative Funktion der Sprache oder mehr auf ihren geistigen oder auch musischen Gehalt gelegt.

Um alle diese Forderungen, die hier nur skizzen- und beispielhaft aufgeführt sind, erfüllen zu können, muß nun der Deutschlehrer wissen, von welchen psychologischen Voraussetzungen seiner Schüler er ausgehen kann. Er muß sich im klaren darüber sein, mit welchem Wortschatz er etwa mündlich oder auch schriftlich in Primar- und Sekundarstufe arbeiten kann, er muß wissen, wie sich die syntaktischen Mittel im Laufe der Entwicklung aufbauen, ob und in welcher Weise gegebenenfalls gezieltes Sprachtraining sinnvoll ist. Er wird, um differenzierte Sprachpflege betreiben zu können, nach dem Vermögen des Schülers, konkrete oder abstrakte Begriffe entschlüsseln zu können, zu fragen haben; er wird schließlich wissen müssen, von wann ab der transparente, hintergründige Inhalt einer Erzählung verstanden wird. Er wird Auskunft darüber erwarten, in welchem Alter formale Aspekte des Sprachlichen vom Schüler bewußt erfaßt werden können, um nur einige Gesichtspunkte herauszugreifen.

Es sollen hier als Kontext zu den in den Lehrplänen des Deutschunterrichts geforderten Lehrzielen einige sprachliche Leistungen der Schüler in Eingangsstufe, Primarstufe und Sekundarstufe aufgeführt werden. Natürlich werden diese Daten altersmäßig streuen, und ebenso sind sie abhängig von günstigem oder ungünstigem häuslichen und schulischen Milieu, wie auch vom intellektuellen Vermögen des Schülers. Der Unterricht wird jedoch erfolgreicher sein, wenn sich der Lehrer bei der Stoffauswahl im großen und ganzen an diese Daten hält und nicht gegen sie unterrichtet.

Aus der Fülle der in den verschiedenen Arbeiten zur Pädagogischen Psychologie, zur Entwicklungs- und Sprachpsychologie dargelegten und des von uns erarbeiteten Materials sollen der *Spracherwerb*, dabei vor allem die Entwicklung des Wortschatzes, die *sprachliche Ausdrucksmöglichkeit* in Primar- und Sekundarstufe und das *Verständnis für literarische Texte* herausgegriffen werden. Soweit möglich, werden empirische Befunde zugrunde gelegt. Sie sollen Einblick in die Verständnismöglichkeiten des Schülers geben; sie sind aber zugleich auch als Anregung für den interessierten Lehrer gedacht, der nachahmend und variierend auf diese Weise die speziellen Belange seines Unterrichts prüfen kann.

I. Sprache und Spracherwerb

Der Primarstufenlehrer, der das Kind im siebenten Lebensjahr in die Schule aufnimmt, hat die Anfänge seines Sprechenlernens nicht miterlebt. Trotzdem erfährt er recht schnell von dem sich äußernden Kind (das gehemmte oder gar mutistische Kind kann er kaum beurteilen), wieweit sein Sprachvermögen entwickelt ist. Ein kurzer Rückblick mag die Anfänge des Sprechenlernens verdeutlichen.

Drei verschiedene Aspekte der Sprachentwicklung sind zu unterscheiden: Der *erste lautliche Ausdruck ist das Schreien.* Zuerst wohl nur eine Reflextätigkeit, kann das Schreien vom Kind sehr bald als Mitteilung verwendet werden. Nach wenigen Wochen läßt sich Schreien aus Hunger vom Schreien aus anderer Ursache unterscheiden. Es ergeben sich deutlich hörbare modulatorische Abstufungen. Die Laute werden also schon bald zu Zeichen der Übermittlung und damit auch schon zu Zeichen der Verständigung. Dabei ist zu beachten, daß nicht Vorstellungen, sondern Affektzustände mitgeteilt werden.

Ein *zweiter Aspekt* zeigt sich im *Lallen* des Kindes, das wir etwa am Ende des zweiten Monats beim gesunden, meist gesättigten Kind im Zustand des Behagens beobachten können. Es hat den Anschein, daß sich hier Vergnügungslaute, Lustaffekte, auch Neugier oder Erwartung offenbaren. Zugleich bedeuten diese lautlichen Versuche ein Ingebrauchnehmen und ein instinktives Üben der Muskeln des Sprechapparates. Bei manchen Kindern kommt es dabei zu langen Lallmonologen.

Das Lallen ist anthropologisch recht interessant. Eine Theorie der Sprache sollte berücksichtigen, daß taube Kinder, die vom Umweltangebot ausgeschlossen sind, auch lallen. Allerdings kommen sie nicht zu differenzierteren Lallmonologen, wie wir sie beim hörenden Kind finden. Trotzdem läßt dieser Tatbestand die Annahme zu, daß der Sprechdrang angeboren ist. Darüber hinaus ist wichtig zu bedenken, daß das Kind gerade dann, wenn es allein gelassen ist, lallt, d. h. also daß Sprechäußerungen nicht nur kommunikativ zu verstehen sind.

Schließlich zeigt sich hier das aufschlußreiche Phänomen der Abundanz wie fast in keinem anderen Bereich der psychischen Entwicklung. Eine Überfülle ist beanlagt, ist gegeben, denn Säuglinge lallen mit wesentlich mehr Vokalen und vor allem konsonantischen Verknüpfungen als es später in ihrer Muttersprache von ihnen verlangt wird. »Deutsche Kinder phonieren anfangs weder deutsch noch kaukasisch« sagt Karl Bühler. »Was die verschiedenen Kinder nach und nach spontan hervorbringen«, umfaßt »den größten Teil der Lautsysteme aller Sprachen . . . und darüber hinaus noch Laute, die in keiner von ihnen vorkommen. Hier liegt die Quelle des Rohmaterials, gleichsam der lautliche Steinbruch der Menschensprachen«.[1] Es ist also ein Mehr vorhanden, eine größere Anzahl möglicher Konkretisierungsformen, als sie später benötigt werden. Das reale Sprechenlernen bedeutet also nicht nur Zuwachs, sondern auch schon Verlust, Verarmung, Verengung auf einen bestimmten Zeichenbestand.

Der *dritte und wesentlichste Schritt* der Sprachentwicklung ist abhängig von der sprechenden Umgebung. Jedes Kind baut aufgrund von sprachlichen Signalen, die es in seiner sozialen Umgebung empfängt und aufgrund von deren Verwendung seine Sprachkenntnisse auf. Insofern ist Sprache immer auch kommunikativ. Kein Mensch hat seine eigene Sprache, sondern er übernimmt das phonologische System der Sprachgemeinschaft, in der er aufwächst. In dem Augenblick, in dem eine Person, eine Handlung, ein Gegenstand benannt werden, vollzieht sich *ein bedeutungsverleihender Akt.* Dies ist der wesentlichste Schritt in der frühen sprachlichen Entwicklung des Kindes.

Alarmschlagen, sich kundtun, sich mitteilen, von Geburt an instinktiv geübt, werden vom zweiten Lebensmonat an intentional und absichtlich verwendet. Die Lallaute, die zweckfrei, spielerisch, funktionslustbetont und spontan gebraucht werden, zeigen den Ausdruck eigenen Befindens und sind als Vorübung, aber auch als Nachahmung des eigenen und des fremden Tuns zu verstehen. Aus diesen Lallauten werden Zweckträger, werden Laute der Verständigung, die durch die Zuordnung, die die Umwelt anbietet, bedeutungshaltig werden.

Sprache ist »Gedächtnis des Volkes« sagt Weisgerber,[2] und Hörmann formuliert: »Weil wir Sprache haben, denken viele Generationen in unseren Gedanken mit.«[3] So ist Sprache einmal Träger der menschlichen Kommunikation und zugleich aber bietet sie die Möglichkeit der Teilnahme am Geistigen. Nur durch Sprache wird uns geistige Substanz vermittelt. Wort und syntaktischer Aufbau der Muttersprache beinhalten eine bestimmte Denkweise, eben die Denkweise der Sprachgemeinschaft. v. Allesch betont: »Die gesprochene Sprache ist ein geschlossenes, einheitliches Geschehen vom Sprechenden zum erfaßten Inhalt, und es ist in jeder Sprache ein eigenartiges und anderes . . . Der Sprechende ist als Sprechender in jeder bestimmten Sprech- bzw. Denktradition ein anderer,

und der gemeinte Inhalt ist ebenfalls ein anderer, wenn er auch ein analoger sein kann.«[4]
Im allgemeinen ist die Sprachentwicklung – wie noch zu zeigen sein wird – bis zum fünften Lebensjahr in bezug auf die Verwendung von Substantiven, Interjektionen, Verben, Adverbien, Präpositionen, Pronomen usw. abgeschlossen. Bei durchschnittlichem Entwicklungstempo und durchschnittlich günstigem Milieu kann damit gerechnet werden, daß das Kind jetzt die von ihm gebrauchten konkreten Gegenstände seiner Umwelt benennen kann, daß es Erlebnisse aus der Erinnerung erzählt und im großen und ganzen die hierfür notwendigen syntaktischen Mittel richtig einsetzt. Ob diese Benennung in hochdeutschem oder lokal verändertem Vokabular erfolgt, spielt dabei keine große Rolle.
Der Übergang von der Haussprache bzw. der Mundart zur Schulsprache, d. h. Hochsprache und der Übergang vom mündlich gesprochenen zum schriftlich fixierten Wort lassen Sprache allmählich für das Kind bewußt werden. Eine besondere Bedeutung kommt in diesem Zusammenhang den Synonyma zu, die den Symbolcharakter der Worthülsen deutlich werden lassen: Ein Gegenstand kann so oder auch anders heißen, d. h. ein Symbol steht für das Ding. Von hier aus wird auch die Schrift als Zeichen, d. h. als Symbol für diesen Gegenstand allmählich begreifbar.
Es scheint außerordentlich wichtig, daß der unterrichtende Lehrer sich selbst dieser Zeichenfunktion der Sprache bewußt ist und Sprache nicht nur als Affektäußerung und als kommunikative Funktion versteht. Natürlich bedarf jede menschliche Kommunikation besonders der Sprache, aber diese ist in diesem Prozeß nur *ein* Mittel, *ein* Zeichen unter anderen. So dürfen z. B. Mimik, Gestik, Pantomimik usw. nicht übersehen werden.
Sprache ist nach allgemeiner Übereinkunft ... »soziales Phänomen«, ist »Zeichen« und »Struktur«,[5] oder wie Hörmann sagt: »Sprache ereignet sich in einem sozialen Feld, das durch die beiden Pole Sprecher und Hörer (oder Sender und Empfänger) bestimmt wird. Durch die Mitteilung sind Sprecher und Hörer miteinander verbunden.«[6]
Der Sprecher sendet eine Mitteilung, der Hörer entnimmt sie, indem er »aus Schallwellen Sinn macht«.[7]
Sprache ist zweifellos abhängig von Sozialität, ohne soziale Umwelt haben wir keine Sprache; sie kann aber keineswegs nur von hier aus definiert werden. Aus Schallwellen Sinn machen können ist und bleibt eine kognitive Fähigkeit sowohl des sendenden als auch des empfangenden, also sowohl des encodierenden als auch des decodierenden Menschen.

Sprache ist Träger geistiger Gehalte, und der Lehrer ist also sowohl ein mit Schülern Kommunizierender als auch ein Vermittler eben dieser geistigen Substanz.

1. Wortschatz

Man kann wohl davon ausgehen, daß ein Kind vorwiegend das benennen kann, was es wahrnimmt. »Die Entwicklung diskriminierender Sensitivität ist bei Kindern unauflöslich mit der Vervollkommnung ihres Sprachvermögens im Laufe ihres Aufwachsens verbunden«, sagt Ananiew,[8] oder wie es Kroh formuliert: »Wichtiger ist vielleicht noch die Tatsache, daß das Kind dieser Stufe (Grundschulalter) in erster Linie das beachtet, was es sprachlich zu benennen vermag. Der Begriff ist nicht nur Niederschlag der Erfahrung, er wirkt zugleich auch als wesentlicher Auslesefaktor gegenüber der Fülle des Erfahrungsmöglichen. Das Kind leidet nur selten unter der Fülle des Unbekannten, das es sprachlich noch nicht zu erfassen vermag. Wenn irgendwo, dann zeigt sich hier die Gebundenheit aller Auffassung an wirksame Auffassungsformen.«[9]
Je differenzierter der Wortschatz eines Menschen ist, um so reicher und differenzierter vermag er auch seine Umwelt zu sehen. Wo uns die Worte fehlen, erleben wir auch nur diffus. Erst wenn ich ein Ding, eine Sache, einen Handlungsverlauf benennen kann, kann ich ihn in richtiger Weise wahrnehmen und auch verstehen. Dabei ist wichtig, daß der Bedeutungsgehalt des Wortes erfaßt wird, und daß es bei der Verwendung nicht zu bloßem Verbalismus, d. h. zur nachahmenden, unverstandenen Benutzung kommt. Wortschatzarbeit in Primar- und Sekundarstufe ist also Basisarbeit des Deutschunterrichts.
Wurde Spracherziehung früher meist als Denkerziehung begriffen, so soll sie nunmehr vorwiegend Grundlage der Kommunikation sein. Erweiterte, argumentative Kommunikation aber ist abhängig von einem differenzierten Wortschatz. Handlungen, Gegenstände, Zustände und Vorstellungen benennen zu können, sich selbst artikulieren zu können, verlangt in jedem Fall ein reichhaltiges Vokabular, dessen Begriffe auch verstanden sein müssen. Wir müssen also fragen, welchen *Wortschatzumfang* können wir in den verschiedenen Jahrgangsklassen voraussetzen?
Wortschatzprüfungen sind außerordentlich schwierig. Das mag mit der Grund dafür sein, daß bisher nur wenig Untersuchungen vorliegen.

Das »Deutsche Wörterbuch« der Brüder Grimm verzeichnet 100000 Stichwörter. Im allgemeinen wird der Gesamtwortschatz der deutschen Sprache auf 300000 Wörter geschätzt. Der englische »Webster«, »das umfassendste Wörterbuch der Erde«, hat ca. 600000 Eintragungen.[10]
Wie groß soll da wohl der Vokabelschatz eines Erstkläßlers sein? Die kinderpsychologische Literatur weist nach, daß der Wortschatz im Vorschulalter zuerst rasch, dann langsamer ansteigt. Die individuellen Unterschiede sind dabei recht groß. Manche Kinder lassen sich in den ersten drei Jahren Zeit in der sprachlichen Benennung und drücken sich reicher durch Gestik und Mimik, später erst durch Wörter aus. Häufig finden wir dann eine rasche Zunahme an Vokabeln, so als seien sie insgeheim gespeichert gewesen.
Andere Kinder zeigen einen verhältnismäßig kontinuierlichen Anstieg, dessen Verlauf, umgesetzt in eine Kurve, allmählich flacher wird, der aber zu Schulbeginn wieder einen stärkeren Zuwachs aufweist.

2. *Wortschatzprüfungen*

Die Schwierigkeiten der Wortschatzuntersuchungen liegen vor allem darin, daß man den aktiven und den passiven Wortschatz bei den Prüfungen nur schwer auseinanderhalten kann. Soll man das aktiv verwendete Wort zählen oder auch das Wort, das verstanden wird? So sind die Aussagen der Untersuchungen oft nicht eindeutig.
Madorah Smith[11] entwickelte 1926 einen Wortschatztest für jüngere Kinder, der den folgenden Anstieg im Vorschulalter anzeigt (vgl. Tab. 1, S. 19).
Es zeigt sich also, daß der Hauptanstieg in der zweiten Hälfte des zweiten Lebensjahres erfolgt, d. h. mit anderen Worten in der Zeit, in der das Kind sich die Welt fragend zu erobern sucht und die Dinge seiner Umwelt zu benennen lernt.
Die oben genannte Untersuchung deckt sich außerdem in den einzelnen Befunden mit den Ergebnissen der Monographien von Scupin, C. und W. Stern, Ch. Bühler, die die Wortschatzentwicklung ihrer eigenen beobachteten Kinder durch einfaches Notieren und Auszählen festhielten.[13]
Eine für die Schularbeit besonders interessante Untersuchung, die sich jedoch auf bekannte Wörter, also auf den *passiven Wortschatz* bezieht, liegt von Mary Smith (1941) vor. Sie stellte durch verschie-

Tabelle 1: Anwachsen des Wortschatzes im Vorschulalter (Smith)[12]

Alter in Jahren und Monaten	Durchschnittliche Zahl der Wörter	Zuwachs
0;8	0	
0;10	1	1
1;0	3	2
1;3	19	16
1;6	22	3
1;9	118	96
2;0	272	154
2;6	446	174
3;0	896	450
3;6	1222	326
4;0	1540	318
4;6	1870	330
5;0	2072	202
5;6	2289	217
6;0	2562	273

dene Testverfahren fest, ob ein Wort verstanden wird und kam bei Erstkläßlern zu der erstaunlichen Durchschnittszahl von 16900 erfaßten Wörtern. Das Minimum lag dabei bei 5500 und das Maximum bei 32800 Grundwörtern.[14]
Wie gesagt, der bekannte, nicht aktiv verwendete, aber verstandene Wortschatz ist umfangreicher als der aktiv gebrauchte. Wir alle verstehen mehr, als wir benennen können.
Für die verschiedenen Schuljahre stellte Smith nun außerdem den durchschnittlichen Zuwachs sowohl an Grundwörtern als auch von deren zugehörigen Ableitungen auf.

Tabelle 2: Das Anwachsen des Wortschatzes (Smith)[15]

Schuljahr	Grundwörter	Ableitungen	Summe
1	16900	7100	24000
2	22000	12000	34000
3	26000	18000	44000
4	26200	18800	45000
5	28500	22500	51000
6	31500	18000	49500
7	35000	20000	55000
8	36000	20000	56000
9	38500	24000	62500
10	40200	27300	67500
11	43500	29500	73000
12	46500	33500	80000

Der Hauptanstieg des Wortschatzes liegt also in den ersten drei Schuljahren mit ca. 10000 Wörtern Zuwachs im Durchschnitt pro Schuljahr. Der Anteil der Schularbeit wird eindrucksvoll deutlich.

3. *Wortschatz und Milieu*

Nun muß man bedenken, daß die die kinderpsychologische Literatur beherrschenden Daten des Wortschatzes der ersten Lebensjahre vor allem an Kindern aus sprachlich günstigem Milieu erhoben worden sind. Dem stehen einige, wenn auch wenige Untersuchungen an Kindern aus ungünstigen sozioökonomischen Schichten gegenüber.

Die erste Untersuchung stammt wohl – lange vor Bernsteins bahnbrechenden Hinweisen – von Descoeudres (1921). Die Kinder wurden durch Tests zu sprachlichen Äußerungen angeregt. So sollten sie z. B. Bilder benennen, Textlücken ergänzen, Verben finden usw. »Eine sprachliche Leistung galt als der Altersstufe angemessen, wenn sie von 75% der Kinder erreicht wurde.«[16]

Tabelle 3: Testwerte für verschiedene Altersstufen und sozioökonomische Gruppen, ausgedrückt durch die Anzahl der richtigen Antworten bei einer Gesamtzahl von 103 Aufgaben (Descoeudres 1921)[16]

Alter	2;6	3	3;6	4	4;6	5	5;6	6	6;6	7	7;6
höhere sozioökonomische Schichten	13	20	30	38	46	51	61	67	75	81	90
niedrigere sozioökonomische Schichten	5	12	22	29	41	45	51	57	64	70	76
durchschnittliche Leistung je Altersstufe	8	19	26	34	44	48	56	62	70	76	83

Es zeigt sich also, daß die Kinder aus der weniger guten sozioökonomischen Schicht besonders in den ersten Lebensjahren deutlich hinter den sprachlichen Leistungen der Vergleichsgruppe zurückbleiben.

Eine weitere Untersuchung – auch lange vor Bernstein – liegt von Hetzer/Reindorf vor (1928). Die Autoren konnten – wenn auch noch nicht mit den heute üblichen statistischen Signifikanzen – eindrucksvoll den erschreckenden sprachlichen Mangel der Kinder, die aus ungünstigem Milieu kamen, darstellen. Es wurde der Vokabelschatz der sog. »gepflegten« Kinder (G) dem der sog. »ungepflegten« (U) gegenübergestellt. Die folgende Tabelle zeigt die Daten dieser Erhebung:

Tabelle 4: Der Umfang des gesamten Sprachschatzes (Zahl der verschiedenen gebrauchten Wörter) (Hetzer/Reindorf)[17]

Alter	1;0	1;3	1;6	1;9	2;0	2;6
G	7	49	91	121	216	–
U	–	1	4	8	27	92

Die Zweijährigen »ungepflegten« Kinder haben also nur ca. 10% des Vokabelschatzes der »gepflegten« Kinder zur Verfügung; oder in Rohzahlen ausgedrückt: Sie haben fast 200 Wörter weniger sowohl zum Wahrnehmen als auch zum Benennen in ihrem Gedächtnis gespeichert.

Wenn man dabei bedenkt, daß wir – wie oben gesagt – vorwiegend das erkennen und wahrnehmen, was wir benennen können, wird deutlich, welche, nicht nur sprachliche Verzögerung und Schädigung das »ungepflegte« Kind hat.

Im amerikanischen Sprachraum untersuchte Templin (1957)[18] die Artikulationsfähigkeit von Kindern im Alter von drei bis acht Jahren. »Die Kinder aus der Unterschicht erreichten im Durchschnitt erst ein Jahr später die Stufe der vollständigen Beherrschung der Phoneme der Erwachsenensprache« als die Kinder der gehobenen Schicht.[19]

Besonders lebhaft wurde die Diskussion über die Zusammenhänge von Sprache und sozialer Schicht in den sechziger Jahren durch die Veröffentlichungen von Bernstein.[20] Bernstein wies besonders eindringlich darauf hin, daß die Kinder der Unterschicht in ihrer Umgebung nur die »public speech« (öffentliche Sprache) hören und daher auch imitieren. Sie ist gekennzeichnet durch einen eingeschränkten Wortschatz, unvollständige Sätze, ungegliederte Syntax und vor allem durch Konkretheit. Diese Eltern und damit auch ihre Kinder sprechen einen verkürzten »restringierten linguistischen Kode«.

Eltern der Mittel- und der Oberschicht, die sich einer »formal speech« (öffentliche Sprache) bedienen, erweitern, reichern an, verwenden abstrakte Begriffe, eine Häufung von Adjektiven, eine differenzierte Syntax. Sie vermitteln durch einen »elaborierten linguistischen Kode« einen größeren Vorstellungsreichtum und begaben ihre, sie nachahmenden Kinder, auf dem Weg über differenziertere Sprache mit differenzierterer Denkweise.

Mehrfach wurde versucht, die Bernsteinschen Thesen für deutsche

Kinder zu verifizieren. Besonders Oevermann[21] ging dieser Frage nach. Er ließ in vier Klassen der sechsten Schuljahre einer Realschule (124 Kinder) je zwei Aufsätze schreiben, die in bezug auf Wortschatz und syntaktischen Aufbau ausgewertet wurden. Ein ausführlicher Elternfragebogen (der auch, was wohl meist zu wenig beachtet wird, den Sozialstatus der Großeltern erfragte), und das Leistungsprüfsystem nach Horn als Intelligenztest lagen der Untersuchung zugrunde.

In bezug auf den Wortschatz ergibt sich in diesen sechsten Schuljahren kein signifikanter Unterschied zwischen den Äußerungen der Unterschicht- und der Mittelschichtkinder; in bezug auf den syntaktischen Aufbau, wie noch zu zeigen sein wird, sehr wohl. »Die Länge der Aufsätze ist bei den einzelnen Kindern sehr unterschiedlich . . . Es ist ganz eindeutig, daß keine Unterschiede zwischen den Gruppen bestehen . . . Aus diesem Ergebnis können wir folgern, daß die Unterschichtkinder in der Versuchssituation in ihrer Verbalisierung nicht *mehr* gehemmt waren, als die Mittelschichtkinder, und daß sie auch, falls ihr Sprachverhalten der in der Schule geforderten Sprache weniger angemessen war, sich dadurch nicht hemmen ließen.«[22]

Es ist ja wohl auch anzunehmen, daß bis zum sechsten Schuljahr eine Erweiterung des häuslichen Wortschatzes durch die Schularbeit erfolgt ist.

Außerdem muß betont werden, daß das pädagogische Feld einer Familie einer differenzierteren Untersuchung bedarf, als es die Kriterien von Beruf, Einkommen und Ausbildung der Eltern, die hier der Zuordnung zu einer Schicht zugrunde lagen, vermögen. Wirtschaftliche Situation und Beruf des Vaters, bzw. der Eltern sind wohl zu erfassen; Liebesfähigkeit und Phantasie der Mutter beispielsweise kaum, wie es sicher auch Stilformen der Sprechfreude oder Sprechunlust in Familien aller Schichten gibt.

Interessant ist schließlich eine neuere Untersuchung der Pädagogischen Hochschule Münster (1976/77),[23] in der gezeigt werden konnte, daß der Einfluß der Sprache des Fernsehens gerade bei Arbeiterkindern beachtlich ist. Rein quantitativ verschwand in der Grundschule der krasse Gegensatz von geringem und größerem Wortschatz zwischen Arbeiter- und Akademikerkindern. Das galt allerdings nicht in Hinsicht qualitativer, d. h. differenzierter Ausdrucksfähigkeit. Hier blieben die Unterschiede bestehen. Bei den Sechsjährigen dominierte die »Fernsehsprache« (Werbespots, Vokabular der Krimisendungen) gegenüber der »Muttersprache«.

Anders als mit dem mündlich gesprochenen Wort steht es nun mit dem geschriebenen. Während man schon in der Grundschule um reiche und differenzierte mündliche Ausdrucksweise bemüht sein sollte, erscheint es sinnvoll, dem Schulneuling eine nicht allzu verwirrende Fülle von zu lesenden und später zu schreibenden Wörtern anzubieten.

W. Schultze[24] legte in neuerer Zeit im deutschen Sprachraum eine sehr detailliert aufgebaute Untersuchung vor, die sechs der gebräuchlichsten deutschen Fibeln und Lesebücher analysiert. Mit einem Kreis von Mitarbeitern kommt er zu dem Ergebnis, daß z. B. in einer dieser Fibeln 16289 Wörter verwendet werden, davon 2733 Wörter im ersten Schuljahr. Man muß bedenken, daß es sich hierbei einmal nur um den aktiven Wortschatz handelt, und daß zum anderen im ersten Schuljahr die Umstellung von der Umgangssprache zur Schriftsprache erfolgen muß. Es ist notwendig, all die Kinder, die aus ungünstigem sprachlichem Milieu kommen, ebenso wie diejenigen, die aus welchen Gründen auch immer, eine verzögerte Sprachentwicklung durchlaufen haben, nun eingespielt werden müssen auf einen mit den übrigen Schülern gemeinsamen Wortbestand. Man wird also aus diesen Gründen sinnvollerweise einen nicht zu großen Wortbestand im Schriftsprachlichen fordern dürfen.

Was aber bieten zur Zeit unsere Fibeln und Lesebücher in den ersten beiden Schuljahren? Die Ergebnisse von Schultze zeigen folgendes Bild:

Tabelle 5: Der Gesamtwortbestand in den Fibeln (Schultze)[25]

Fibel	Seitenzahl	Gesamtzahl der Wörter	durchschnittliche Wortzahl je Seite	Zahl der verschiedenen Wörter
A	112	8855	79	2205
B	141	8830	63	1964
C	94	6214	66	1385
D	142	16289	115	2733
E	94	7363	78	1101
F	128	(9000)	(70)	934

* bis 6000 ausgezählt, dann geschätzt

Bei der Betrachtung dieser Tabelle fällt also auf, daß die Fibel- und Lesebuchautoren den Erstkläßlern sehr unterschiedlich schwere Aufgaben zumuten. Man muß annehmen, daß die Kinder, die mit Fibel D arbeiten, weitgehend überfordert sind.

Ein weiterer Blick auf drei vergleichende Lesebücher mag das Bild noch ergänzen:

Tabelle 6: Der Gesamtwortbestand der Lesebücher (Schultze)[26]

Lesebuch	Seitenzahl	Gesamtzahl der Wörter	durchschnittliche Wortzahl je Seite	Zahl der verschiedenen Wörter
I	123	20300	167	2617
II	158	30050	190	3044
III	153	24725	162	2474

* hier sind nur die Grundformen der Wörter gezählt worden

Lesebuch II ist eine Fortsetzung der Fibel D, wenn auch von einem anderen Autor zusammengestellt. Es zeigt sich jedoch wiederum der weitaus größere Wortbestand.
Schultze kommt nach ausführlicher Diskussion der Tatbestände zu der Auffassung, daß ein Grundwortbestand des aktiven schriftlich gebrauchten Wortgutes von 1000 Wörtern für das erste Schuljahr und von ca. 2000 Wörtern für die Grundschule als durchaus angemessen anzusehen sei. Das würde es auch vor allem den Kindern, die von Hause aus einen restringierten Kode sprechen, erleichtern, sich möglichst schnell auf das allgemeine Niveau hin einzupendeln.
Amerikanische Deutschlehrer legen z.B. einem vierjährigen Deutschunterricht am College einen Wortbestand von 2120 Grundwörtern zugrunde und einem dreijährigen Kursus den von ca. 1000 Wörtern.[27]
Sowohl für das Lesenlernen als auch für das Schreibenlernen ist eine Reduktion, die Überforderung vermeidet, sicher sinnvoll. Das widerspricht dagegen in keiner Weise der Forderung nach reichhaltiger Wortschatzerweiterung im mündlich gesprochenen Wort.
Alle diese Bemühungen beziehen sich jedoch in der Grundschule noch auf ein Vokabular, das vorwiegend die konkrete Dingwelt enthält und meint. Auch hier ist es schon so, daß nicht nur die »Zahl der Signa wächst, sondern ihre Bedeutung verändert sich laufend, gewinnt an Umfang, sowohl im Hinblick auf emotionale Erfahrung als auf die Verbindung mit einer größeren Zahl von Sachverhalten.«[28]

5. *Wortschatzerweiterung in der Sekundarstufe*

Schließlich konnte Bayer (1975)[29] zeigen, daß in Niederschriften (Bildbeschreibungen), die sie im dritten, sechsten und neunten

Schuljahr verschiedener Schulformen anfertigen ließ, die quantitative Zunahme der Schriftsprache am stärksten zwischen dem dritten und sechsten Schuljahr und nur noch in geringem Maße zwischen dem sechsten und neunten Schuljahr erfolgt.

Tabelle 7: Gesamtzahl der in den Aufsätzen geäußerten Wörter (n = 252 Schüler, 504 Aufsätze) (Bayer)[30]

Gruppe A (3. Schuljahr)	6186 Wörter
Gruppe B (6. Schuljahr)	15643 Wörter
Gruppe C (9. Schuljahr)	17407 Wörter

Die Wortmenge ist also zwischen dem dritten und sechsten Schuljahr um 9547 Wörter angestiegen, während die Zunahme zwischen dem sechsten und neunten Schuljahr nur noch 1764 Wörter beträgt.
Der wichtigste Schritt für die Schüler der Sekundarstufe besteht jedoch darin, daß sich der Wortschatz in seelisch-geistige Bereiche hinein erweitert.
Doderer hat (1961, 1969)[31] nicht nur eine Fülle von didaktischen Hinweisen für Wortschatzerweiterung in Grundschule und Sekundarstufe gegeben, sondern auch gezeigt, daß sich die qualitative Bedeutung der Eigenschaftswörter gerade in der Sekundarstufe erhöht. Es wird z. B. nicht mehr einfach vom Meer gesprochen, sondern vom herrlichen blauen Meer und von großartiger sportlicher Leistung. Der Wortbestand erweitert sich außerdem besonders durch Adjektive, die sich auf innerseelische Prozesse beziehen. Während auch schon das Grundschulkind über den anderen Menschen zu reflektieren in der Lage ist, beginnt nun das Nachdenken über sich selbst, und es werden viele Wörter, die sich auf seelische Zustände beziehen, neu hinzugenommen. Auch hier darf noch einmal an das Krohsche Wort erinnert werden, daß der Schüler um so mehr erlebt, je mehr er benennen kann, und insofern ist es außerordentlich wichtig, daß das Vokabular für den seelischen Unruhezustand, der sich einstellt, verfügbar ist.
Die weitere Zunahme und qualitative Veränderung des Wortschatzes, besonders der Adjektiva in der Sekundarstufe, wird im nächsten Kapitel besprochen werden.
Schließlich sei darauf verwiesen, daß zur Prüfung des Wortschatzes für die verschiedenen Schülerjahrgänge *Wortschatztests* zur Verfügung stehen. Wenn man bedenkt, welche enge Verknüpfung zwischen Sprache und Denken besteht, sollten zugleich die angebotenen Hilfen des *Wortschatztrainings* und die Übungen zur *Wortschatzerweiterung* genutzt werden.[32]

II. Der sprachliche Ausdruck in Primar- und Sekundarstufe

1. Der Aufbau der Syntax

Der Aufbau der Syntax setzt mit den ersten Wortäußerungen des Kindes ein. Man kann sagen, das erste Wort ist der erste Satz. »In der Sprache des Kindes erscheint dergestalt der Satz früher als das Wort« sagt Kainz . . ., »da die erste Wortbedeutung . . . für das Kind solcherart ein Komplex (ist), der mannigfache Vorstellungsbestandteile, Gefühlstöne und Wunschelemente ungeschieden in sich schließt.«[1]

Wunsch, Affekt und Aussage mischen sich also in diesen ersten Lautkomplexen, die von C. und W. Stern auch als *Einwortsätze* bezeichnet werden. Dabei setzt das Kind Modulation oder Gebärde an die Stelle von Wortart oder Flexion. So drückt das fragende »Wauwau?« evtl. Angst vor dem Hund, das befehlende »Wauwau!« den Wunsch, der Hund möge näherkommen, aus; so erzählt das Kind etwa bei einer Pendeluhr durch die Bewegung der Hand, daß die »Ticktack« immer eine solche Drehung vollzieht usw.

Bis zu eineinhalb Jahren herrscht das Substantiv (nach Stern: *Substanzstadium*) vor. Die Bedeutungsfülle verengt sich dabei immer mehr auf eine eindeutige Zuordnung von Namen und Objekt. Bis zu ungefähr zwei Jahren (bei sprachlich nicht geförderten Kindern später) erweitert sich der Satz durch das Verb (»Papa wascht, Mama ata ata«). Stern nennt diese Stufe *»Aktionsstadium«* und noch im gleichen Zeitraum entwickeln sich Eigenschafts- und Beziehungsworte, von Stern als *»Relations- und Merkmalsstadium«* charakterisiert.[2]

Im dritten Lebensjahr folgen dann Fragesätze, beginnende Flexion, und die Aneinanderreihung von Satzketten.

Eine allerdings ältere Bestandsaufnahme von Deußing (1927), der sehr subtil eine Fülle von Einzeluntersuchungen der amerikanischen Literatur zusammenstellte, zeigt die Häufigkeit der verschiedenen Wortarten im *Vorschulalter* (vgl. Tab. 8, S. 27).

Bei den Anderthalbjährigen herrscht also das Substantiv noch zu 70% vor, d. h. viele Sätze sind Einwortsätze. Bei den Eineinhalb- bis Zweijährigen tritt dann der Anteil des Substantivs zugunsten des Verbs zurück (57,8%/21,7%).

In einer neueren Untersuchung von McCarthy zeigt sich bei den Dreijährigen ein fast gleich hoher Anteil von Substantiv und Verb mit jeweils 23,4% und 23,0%.[4] Es handelt sich hierbei allerdings

Tabelle 8: Prozentualer Anteil einzelner Wortklassen bei sprachlichen Äußerungen von Kindern verschiedenen Alters (Deußing)[3]

Alter in Jahren	unter 1 bis 1;5	1;5 bis 2;5	3	4	5;5 bis 6
Zahl der Fälle	9	ca. 50	6	5	2
Substantiva	70,3	57,8	57,3	55,0	56,2
Verba	12,4	21,7	21,6	23,1	24,2
Adjektiva	4,5	9,2	10,6	11,8	13,5
Adverbia	8,7	5,0	4,7	5,4	3,3
Pronomina	0,3	2,3	2,7	1,8	1,2
Präpositionen	0,6	1,4	1,6	1,3	0,5

um eine Untersuchung an Kindergartenkindern, bei denen die Aktion, das Tätigsein nun ebenso wichtig wird wie das Benennen der Dinge.

Je mehr sich die Anteile von Adjektiven, Adverbien, Pronomen und Präpositionen häufen, um so differenzierter wird das Satzgefüge.

Dabei nimmt nach Hurlock die Satzlänge bis zum Alter von neuneinhalb Jahren ständig zu, bleibt dann jedoch gleich oder verringert sich sogar geringfügig. Hurlock bemerkt, daß die Zwei- bis Dreijährigen vorwiegend Sätze aus zwei bis drei Wörtern bilden, während bei den Fünf- bis Sechsjährigen solche mit sechs bis acht Wörtern vorherrschen.[5]

Schon im Vorschulalter finden sich Temporalsätze, Relativsätze, indirekte Fragen, Begründungs-, Bedingungs- und Finalsätze. »Es besteht eine hohe positive Korrelation zwischen Intelligenz und Kompliziertheit des Satzbaues.«[6]

Schließlich ist die Satzlänge offenbar abhängig vom *Milieu* des Kindes, wie McCarthy nachweisen konnte (vgl. Diagramm S. 28).

Man sieht, daß die Akademikerkinder, besonders im Alter von zwei- bis zweieinhalb Jahren, einen großen Vorsprung vor den Kindern aus anderen Elternhäusern haben. Die Kurve flacht jedoch ab; im Alter von sechs Jahren haben die Kinder von Geschäftsleuten die Akademikerkinder fast eingeholt.

Auch die oben erwähnte Untersuchung von Oevermann zeigt bei den Schülern der sechsten Schuljahre einer Realschule signifikante Unterschiede zwischen den Schülern der Unterschicht und denen der Mittelschicht in bezug auf die Satzgliederung. »Die höhere syntaktische Komplexität der Mittelschichtkinder ergibt sich statistisch gesichert.«[8] Dabei besteht der Unterschied vor allem in einer häufigeren Konstruktion von Nebensätzen, d. h. einer größeren Differenzierung von über- und untergeordneten Satzteilen.

Zur Frage der Epochenveränderung konnte Templin zeigen, daß

heutige Kinder auf jeder Altersstufe längere Sätze sprechen, als es vor zwanzig Jahren der Fall war.[9]
In neuerer Zeit wurde besonderes Augenmerk auf die sprachlichen Fehler des Kindes, die meist Fehler der Flexion oder der Pluralbildung sind, gelegt. Diese Fehler scheinen nach McNeill[10] zu beweisen, daß Spracherlernen nicht nur vorwiegend auf der Basis der Imitation erfolgt, sondern daß vorgegebene grammatikalische Regeln wirksam sein müssen. Besonders die häufige Analogiebildung bei Kindern »Stefan rufte seine Mutter«, »Pupi hat gesprecht« . . . oder auch die Pluralbildung, besonders im Englischen für Kinder

Diagramm: Zusammenhang zwischen Beruf des Vaters und durchschnittlicher Satzlänge bei Kindern (McCarthy).[7]

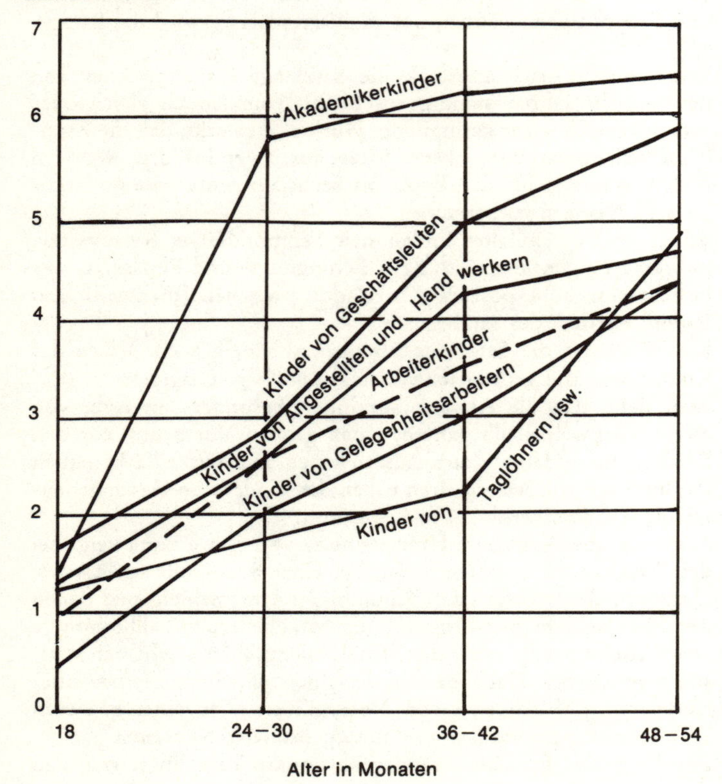

schwierig, »gooses statt geese« oder »two foot statt two feet« zeigen, daß das Kind Aussagen macht, die es in seiner Umgebung nicht gehört hat.
So stellt McNeill fest: »Die Annahme ist daher folgende: Bestimmte Transformationen entwickeln sich, um den Erwerb der Grammatik in früherem Alter zu ermöglichen. Der Evolutionsdruck ergab sich aus der Notwendigkeit, begriffliche Mannigfaltigkeit in ökonomischer Weise auszudrücken. Die Folge der Evolution war eine gewaltige Reduktion der Sprachkomplexität ohne Verlust der Aussagekraft.«[11]
Diese Reduktion – englisches Beispiel: »Doggy bite –«, während die Mutter sagt: »The dog ist biting . . .« – erinnert an die Parallele im frühkindlichen Zeichnen, in der z. B. nicht die Fülle des Baumes, sondern der Strichbaum, d. h. die Gestalt des Baumes wiedergegeben wird.
In weiteren Untersuchungen konnten Brown und Bellugi zeigen, daß überall das Bemühen des Kindes deutlich wird, auf Regelmäßigkeiten aus der Sprache zu schließen.
Sie stellen fest: »Die sehr verwickelte gleichzeitige Differenzierung und Integration, die die Entwicklung der Nominalphrase ausmachen, erinnern mehr an die biologische Entwicklung eines Embryos als an den Erwerb eines bedingten Reflexes.«[12]
Sie sind nach ihrer Ansicht »ein ernstzunehmendes Argument gegen jede Lerntheorie, die bisher von der Psychologie entwickelt worden ist.«[13]
Und Hörmann folgert daraus: »Daß die Grundstrukturen der Erwachsenen-(Standard-)Grammatik sich fast schon beim dreijährigen Kind finden, ist ein Hinweis darauf, wie früh die Analyse des Gehörten nach grammatikalischen Kategorien einsetzt.«[14, 15]
Diese noch vorläufigen recht interessanten Untersuchungsbefunde machen es wahrscheinlich, daß auch der Aufbau der Syntax in seiner Grundstruktur als vorgegeben angesehen werden muß.

2. *Mündliche Darstellungsformen*

Bis zum *Schuleintritt* ist Sprache vorwiegend im Vollzug erlebt worden. Nun muß sie bis zu einem gewissen Grade bewußt werden, sonst sind Lese- und Schreibprozeß nicht möglich. Durch den Wechsel von der Lokal- oder Haussprache zur Schul- oder Hochsprache erlebt jedes Kind, auch das nur wenig mundartlich festgelegte, daß die Dinge so oder auch anders heißen können. Die naive Selbstverständlichkeit des Sprachgebrauchs wird durchbro-

chen. Die eindeutige Zuordnung von Gegenstand und Name wird allmählich aufgehoben. Bisher waren Ding und Zeichen für das Ding eine fast physiognomisch-magische Einheit. Jetzt müssen die Zeichen abgehoben werden, damit Schriftsprache möglich wird.
Bosch[16] legte Kindern des ersten Schuljahres stark physiognomisch wirkende Wörter vor, bei denen sie entscheiden sollten, welche dieser Vokabeln länger seien. Beispiele waren: »Klitzeklein oder groß«; »Kuh oder Piepvögelchen«; »Haus oder Streichholzschächtelchen« usw. 40% der Kinder versagten bei dieser Aufgabe, d. h. sie bezeichneten das kürzere Wort, das den großen Gegenstand kennzeichnete, als das längere.
Auch bei Mißverständnissen zwischen Kind und Erwachsenem kann der hellhörige Beobachter immer wieder erfahren, daß er die Verständnisschwelle des Kindes zu Schulbeginn leicht überschätzt. Die formalisierte Hochsprache wird vom Kind immer wieder umgesetzt in Konkretion und Aktion. Beispiel: Kind (1. Schuljahr): »Mutter, kennst Du einen Jungen Feierlich? Die Lehrerin hat gesagt: Ernst und feierlich läuteten die Glocken.«[17] Das beschreibende Adjektiv, determiniert durch den bekannten Jungennamen Ernst, wird sofort in eine Aktion, in das Läuten der Knaben, umgedacht.
Ebenso spielen die Synonyma in diesem Prozeß des Abhebens und Bewußtwerdens von Sprache eine wichtige Rolle. Beispiel: Kind (1. Schuljahr): »Die Lehrerin hat gesagt, der liebe Gott ist ein Suppenlöffel«[18] – gemeint war ein Schöpfer.
Die Schule findet »bei den Kindern eine bis zu einem gewissen Grade ausgebildete mundartliche Haussprache und daneben reichlicheres oder kärglicheres Rohmaterial für eine Hochsprache vor. Ihre Aufgabe ist es . . . jene zu schonen und zu achten und diese zu pflegen«, sagt Ferchland.[19]
Gerade das mundartlich gebundene Kind kann durch den vom Lehrer vorsichtig eingeführten Begriff der Hochsprache gut zum Erfassen des Symbolcharakters unserer Sprache hingeführt werden. Wenn das Kind hierin jedoch zu schnell umgestellt wird, wird es überfordert und verunsichert, und es tritt eine Sprachverarmung anstelle einer Spracherweiterung ein.
Im ersten und zweiten Schuljahr erfolgen die Aussagen der Schüler noch immer in kurzen Sätzen, die vorwiegend aus Subjekt und Verb bestehen. Bei längeren Berichten sind Sätze aneinandergereiht und durch »und« und »und da« verbunden. Im Grunde genommen sind es keine gegliederten Haupt- und Nebensätze, sondern aneinandergereihte Hauptsätze. Wichtig ist dabei, daß jeder Satz etwa die Äußerung eines Sinnschrittes enthält. So sagt das Kind: »Mein

Roller ist grün, und er fährt gut« und nicht: »Mein grüner Roller fährt gut.«[20]

Die Schüler des zweiten bis fünften Schuljahres erzählen bereits wesentlich ausführlicher. Dabei herrscht das konkrete Denken noch vor. Abstrakta finden sich selten. Der Sinn kann jetzt jedoch über mehrere Sätze hinweg gehalten werden. Es entwickeln sich dabei voll durchgegliederte Sätze. Während in der Vorschulzeit und in den ersten beiden Schuljahren die Form des Präsens oder des Perfekts benutzt wird, wird jetzt mehr das Imperfekt bevorzugt. Die häufigen Wiederholungen, die den Erzählstil der ersten Schuljahre kennzeichnen, nehmen ab. Die Sinnbezüge sind auf tatsächliche Aussagen hin eingestellt, und das Ende der Geschichte ist schon am Anfang mit bedacht.

Die Schüler der Sekundarstufe I, besonders die Elf- bis Dreizehnjährigen, zeichnen sich durch große Redelust und großen Rededrang aus.[21] Die Darstellungen werden jetzt länger und die Anordnung der berichteten Erlebnisse ist strukturierter. Der Zug zur Sachlichkeit setzt sich klarer durch in einem Zug zur Präzision. Zeit und Ortsangaben helfen jetzt der Orientierung, oft wird recht genau berichtet. Dabei kann dieses Bedürfnis bis zur Klischeehaftigkeit verführen. Der vorpubertierende Drang zur Exaltation, zur Überhöhung, der sich häufig in Modewörtern Luft macht, drückt die Unruhe dieser Altersstufe aus.

Die Syntax ist reichhaltiger. Es werden oft lange Nebensätze, auch eingeschlossene Sätze verwendet, deren Anfang nicht vergessen wird, und die gezielt zu Ende geführt werden.

Auf die Stilformen dieser Erzählungen wird weiter unten noch eingegangen werden.

3. Schriftliche Darstellungsformen

Deußing ließ Schüler des zweiten bis achten Schuljahres mündliche und schriftliche Bildbeschreibungen anfertigen. Er zählte sowohl die Wortmenge als auch die verwendeten Satzeinheiten aus und stellte sie nebeneinander[22] (vgl. Tab. 9, S. 32).

Die Tabelle ergibt im Mündlichen zwischen dem zweiten und achten Schuljahr einen Abfall der Zahl der Satzeinheiten um fast die Hälfte. Im Schriftlichen finden sich kaum Veränderungen zwischen den Schuljahren. Man muß allerdings bedenken, daß Deußing seine Untersuchung an Volksschülern durchführte und z. B. der Rückgang der verwendeten Satzeinheiten im Mündlichen, der zwischen dem vierten und sechsten Schuljahr festzustellen ist, wohl im

Tabelle 9: Zahl der Satzeinheiten in Bildbeschreibungen (Deußing)[23]

Gruppe	Durchschnittl. Lebensalter in Jahren	Durchschnittl. Zahl der Satzeinheiten einer Vp. in einer Bildbeschreibung im Mündlichen	Schriftlichen	Verhältnis Schriftlich zu Mündlich
A	8,4	21,6	13,3	0,62
B	10,5	20,8	15,3	0,74
C	12,4	12,2	13,0	1,07
D	14,3	11,6	15,1	1,30

A = 2. Schuljahr
B = 4. Schuljahr
C = 6. Schuljahr
D = 8. Schuljahr

Abgang der sprachlich begabteren Schüler zu den weiterführenden Schulen seine Ursache hat.
In einer weiteren Untersuchung von Kölsch (1969)[24] konnte an Weitererzählungen von Kindern des dritten Schuljahrs bei einem Vergleich zwischen mündlicher und schriftlicher Darstellungsform nachgewiesen werden, daß die mündlichen Berichte in etwa Zweidrittel aller Fälle länger waren als die schriftlichen. Dabei unterschieden sich jedoch besonders die Satzformen in der mündlichen und schriftlichen Darstellung: Während »im Mündlichen 22,7% der Sätze mit ›und da‹ beginnen, sind es z. B. bei den schriftlichen Weitererzählungen nur noch 0,7%«.[25]
Das sprechende Kind sagt: »Und als sie aufwachten, da . . ., da vorne auf dem Berg, da . . .« Das schreibende Kind sagt: »Als sie aufwachten, erzählten sie ihre Träume . . .«[26] Die Füllsel entfallen ebenso wie die Aneinanderreihung der Satzketten. Im Schriftlichen werden die Inhalte mehr gegliedert und voneinander abgehoben. Es entstehen klar begrenzte Sätze.
Der Weg vom mündlich gesprochenen Wort zum geschriebenen Wort führt vom Funktionalen zum Sachlichen. Im Schriftsprachlichen ist die Wendigkeit geringer, dafür ist der Anteil des Qualitativen – ausgedrückt durch Adjektiva – größer.
Die Niederschrift hinkt dem Denken nach, während die mündliche, sprudelnde Erzählung ihm manchmal vorausläuft. Sie ist nicht in gleicher Weise Ausdruck des Erlebens wie das Sprechen. »Im Schriftlichen schlägt sich im allgemeinen nur das nieder, was dem Kind klar ist, es schreibt nur das, was es ohne ›Stottern‹ zu Papier bringen kann.«[27]
Der schriftsprachliche Ausdruck bedeutet, neben aller Sprachverarmung, dem er in den ersten Schuljahren nur schwer entgehen kann, schon weil das Schreiben Mühe macht, doch Zucht und Disziplin

in bezug auf die Gewinnung klarer, richtiger, grammatischer Formen, Zucht auch in bezug auf die Denkhaltung. »Erziehung zu überlegterem, angemessenerem Gedankenausdruck« ist der Sinn der schriftlichen Weitererzählung, sagt Hansen.[28] Die größere Besinnlichkeit beim Schreiben bewirkt Versachlichung des Gehaltes. Zander stellt fest: »Geschriebene Texte sind doppelt enkodierte Informationen. Zu dem primären Kode der Sprache tritt der sekundäre Kode der Schrift hinzu. Man darf dieses Hinzutreten einer weiteren Enkodierung aber nicht einfach additiv in dem Sinne verstehen, daß nun eben zu einem fertigen sprachlichen Text noch die Schrift hinzugefügt würde. Es ist vielmehr so, daß durch den sekundären Kode bereits die Selektionen der primären Enkodierung beeinflußt werden.«[29]

Eine ältere, aber doch immer noch wichtige Untersuchung von Beckmann[30] gibt weiteren Aufschluß über die schriftsprachliche Entwicklung. Beckmann untersuchte Aufsätze aller Volksschulklassen auf die zur Verwendung kommenden Wortarten, Satzteile, Satzarten und Satzverknüpfungen. Dabei konnte er feststellen, daß im ersten Schuljahr die Anschaulichkeit – hier noch der mündlichen Weitererzählungen – so groß ist, daß, wie er meint, alle Sätze zeichnerisch darstellbar seien. Das verliert sich in den folgenden Altersgruppen. Sprechen und Denken löst sich vom bildhaften Eindruck.

Einige Daten aus der Beckmannschen Arbeit mögen die Tendenzen, die auch heute noch gültig sind, anzeigen:

Tabelle 10: Die Verteilung einiger Wortarten in Niederschriften 6- bis 14jähriger Kinder in Prozenten (Beckmann)[31]

Schuljahr	1.	2.	3.	4.	5.	6.	7.	8.
Abstrakta	–	–	1,1	1,2	2,1	2,7	5,7	5,5
Adjektiva	1,1	2,5	3,7	3,6	3,7	4,2	4,8	5,8
Präpositionen	4,0	5,0	6,8	7,0	7,6	8,5	10,0	10,2
Adverbia	17,7	15,7	12,2	8,6	9,4	7,3	5,9	4,4
Relativpronominal	0,3	0,6	0,9	1,5	1,6	2,2	3,3	3,9

Die Zahl der abstrakten Substantiva steigt also von 0% des Gesamtwortschatzes im 1. Schuljahr auf 5,5% im 8. Schuljahr an. (Auch hier muß man, wie bei der Arbeit von Deußing bedenken, daß im 5. bis 8. Schuljahr die Gymnasiasten und Mittelschüler nicht mit erfaßt sind.) Dabei liegt der Hauptanstieg im 7. Schuljahr. Die benutzten Adjektiva steigen von 1,1% im 1. Schuljahr auf 5,8% im 8. Schuljahr an. Am auffallendsten ist der Gebrauch der Adverbien: Sie sinken von 17,7% im 1. Schuljahr auf 4,4% im 8. Schuljahr ab. Die Ursache liegt wohl darin, daß die Adverbien bei den jüngeren

Kindern als Füllsel und zur Verstärkung einer Aussage gebraucht werden.
Die aus der Beckmannschen Untersuchung ausgezählten Ortsbestimmungen fielen vom 1. zum 4. Schuljahr von 24,2% auf 10,1% ab und standen umgekehrt proportional zur Verwendung der zeitlichen Verknüpfungen, die von 1,5% im 1. Schuljahr auf 12,5% im 4. Schuljahr anstiegen. Das häufig gebrauchte »Und da . . . und dort . . .« wandelt sich in »dann . . .«. Die Erfassung räumlicher Kategorien geht in der Kinderentwicklung der Dimension des Zeitlichen voraus.
Schließlich zählte Beckmann die unterschiedlichen Satzarten, die er in seinem Material fand, aus.

Tabelle 11: Satzarten in Niederschriften von 6- bis 14jährigen Kindern in Prozenten (Beckmann)[32]

Schuljahr	1.	2.	3.	4.	5.	6.	7.	8.
einfacher Satz	91,4	70,5	61,1	45,0	48,6	33,9	25,4	21,5
Satzverbindung	8,6	20,1	26,5	37,7	34,6	43,9	50,7	49,6
Satzgefüge	–	9,4	12,4	17,3	16,8	22,2	23,9	28,9
	100	100	100	100	100	100	100	100

Die Verwendung des einfachen Satzes fällt also von 91,4% im 1. Schuljahr auf 45% im 4. Schuljahr und auf 21,5% im 7. Schuljahr ab, entsprechend werden die Satzverbindung und später auch das differenziertere Satzgefüge häufiger benutzt.
Die Untersuchungen von Beckmann und Deußing entsprechen unseren Bedürfnissen nach quantitativ statistischer Aufbereitung nicht mehr. Mehrfache, wenn auch kleinere Kontrolluntersuchungen in jüngerer Zeit haben jedoch den Trend, den diese Ergebnisse anzeigen, auch für heutige Schüler im großen und ganzen bestätigt.[34]
So versuchte Bayer (1975)[35] in einer neueren Untersuchung die schriftsprachlichen Unterschiede im 3., 6. und 9. Schuljahr an Hand von Bildbeschreibungen zu erfassen.
Die Autorin analysierte 504 Aufsätze von 252 Schülern. Sie stellte für die 3. Schuljahre Land- und Stadtschulergebnisse nebeneinander und bewertete in den übrigen Klassen sowohl die Geschlechts- als auch die Schulartunterschiede in Hauptschule, Realschule und Gymnasium.
Auf den in dieser Untersuchung herausgearbeiteten Anstieg des Wortschatzes wurde oben bereits verwiesen.
Die Verteilung der in den Niederschriften auftretenden Wortarten zeigt die folgende Tabelle.

Tabelle 12: Häufigkeit der verwendeten Wortarten in Prozenten (Bayer)[36]

Gruppe	Substantiv	Verb	Adverb	Adjektiv
A	28,6	16,1	8,8	5,9
B	26,4	15,5	12,1	7,8
C	25,2	14,4	11,9	9,0

A = 3. Schuljahr
B = 6. Schuljahr
C = 9. Schuljahr

Die Substantive nehmen in allen drei Gruppen den höchsten Rang ein, zwischen Gruppe A und C, also zwischen dem 3. und 9. Schuljahr sinken sie jedoch um 3,4% ab. Dafür nehmen die Adjektiva um 3,1% zwischen diesen Schuljahren zu. Es wurde schon früher festgestellt, daß sich die differenziertere Sprechweise vor allem im zunehmenden Gebrauch der Adjektiva, die ja stets eine Abstraktion enthalten, andeutet.

Im Gegensatz zu den Ergebnissen der Beckmannschen Untersuchung steht hier nur die Zunahme der Adverbien, die bei Beckmann eine gegenläufige Tendenz haben.

Tabelle 13: Verteilung der verwendeten Satzarten in Prozent (Bayer)[37]

Gruppe	einfacher Hauptsatz	erweiterter Hauptsatz	Satzverbindung	unvollständiger Satz
A (3. Schuljahr)	32,6	44,6	13,8	9,0
B (6. Schuljahr)	7,3	63,7	27,8	1,2
C (9. Schuljahr)	2,2	58,3	39,1	0,4

Man sieht, daß der erweiterte Hauptsatz in allen Schulstufen dominiert. Einen herausragenden Wert erreicht das 6. Schuljahr mit 63,7%. Während der einfache Hauptsatz, der im 3. Schuljahr noch 32,6% ausmacht, auf 2,2% im 9. Schuljahr absinkt, steigt die Satzverbindung von 13,8% auf 39,1% an. Der unvollständige Satz verschwindet in den höheren Jahrgängen so gut wie ganz aus der Niederschrift.

Wenn auch die Zahlenwerte, die Beckmann errechnete, nicht die gleichen sein können, wie die in der Untersuchung von Bayer, so ist doch gerade bei den Satzverbindungen Übereinstimmung zwischen den Ergebnissen von 1927 und 1975 gegeben.

Auch Doderer vermerkt, daß die Altersmundart der Zehn-, Elf- und Zwölfjährigen eine stetige Komplizierung der Satzgefüge und Satzverbindungen und dementsprechend eine Abnahme der alleinstehenden Hauptsatzkonstruktionen aufweist. »In diesem Wachstum drückt sich ein entwicklungsbedingter Denkschritt aus, die zunehmende Fähigkeit, Haupt- und Nebensache unterscheiden zu können.«[38]

Die von Bayer herausgearbeiteten *geschlechtsspezifischen Unterschiede* zwischen Mädchen und Jungen sind weder in bezug auf die verwendeten Wortarten noch auf die Syntax signifikant.
Auch die unterschiedlichen Werte zwischen *Land- und Stadtschule* sind praktisch bedeutungslos. Bayer stellt fest: »Wie beim Vergleich der Arbeiten der weiblichen und der männlichen Versuchspersonen sind auch hier bei diesen Gruppen keine qualitativen Unterschiede in den Beschreibungen festzustellen.«[39]
Beim *Vergleich der Schularten* ist die Differenz zwischen Haupt- und Realschule sowie Gymnasium nicht so groß, wie man es erwarten würde. Die Wortarten Substantiv, Verb, Adjektiv und Adverb zeigen zwischen den Schularten nur geringe Unterschiede. Die Realschüler erreichen im Gebrauch der Adjektiva den höchsten Wert.[40]
Schließlich bringen auch die verwendeten Satzarten keine deutlichen Veränderungen: Der einfache und der unvollständige Satz spielt bei allen Schülern der Sekundarstufe keine Rolle mehr; der erweiterte Hauptsatz hält in allen drei Schularten die Kulmination (Hauptschule 62,3%, Realschule 60,3%, Gymnasium 61,7%). Nur die Satzverbindung zeigt einen Vorsprung der Gymnasiasten: Hauptschule 30,5%, Realschule 32,9%, Gymnasium 35,4%.[41]
Bei der qualitativen Bewertung stellt Bayer fest: »Gymnasiasten schreiben zum Teil stilistisch ausgereifter, anschaulicher beschreibend und mehr interpretierend als Hauptschüler.«[42]

4. *Der Gebrauch der Adjektiva*

Als wichtiges Nebenprodukt zeigt sich in all diesen Untersuchungen, daß der Gebrauch der Adjektiva quasi ein Indikator für differenzierte Sprachverwendung und differenziertes Sprachverstehen ist.
Bei Beckmann und auch bei Deußing wird deutlich, daß die Adjektiva mit dem Alter kontinuierlich zunehmen, was Bayer bestätigen konnte.
In einer mehrfach modifizierten Versuchsreihe konnte Neuhaus[43] einen eindeutigen Zuwachs der verwendeten Adjektiva aufzeigen. Er entwickelte einen Test, der 146 Adjektiva enthielt, die er 2500 Schülern der Altersstufen zehn bis vierzehn Jahre in Gymnasium, Mittel-, Volks- und Sonderschule darbot.
Folgende Gruppen von Eigenschaftswörtern wurden vorgelegt:
1. Qualitätsbegriffe (glatt, laut, süß . . .)
2. Formbegriffe (kugelig, länglich, rund . . .)

3. Raumbegriffe (nahe, verbunden, weit . . .)
4. Soziale Begriffe (fleißig, arbeitsam, hilfreich . . .)
5. Moralische Begriffe (zuverlässig, ehrlich, treu . . .)
6. Sittliche Begriffe (gut, böse, gerecht . . .)
7. Ästhetische Begriffe (lieblich, anmutig, plump . . .)
8. Emotionale Begriffe (traurig, fröhlich, zornig . . .)

Die Schüler hatten die Aufgabe, zu jedem Begriff das Gegenteil zu nennen. Aus diesen Antworten wurde das Verständnis für diese Abstrakta ermittelt.

Aus der Fülle der von Neuhaus wiedergegebenen Tabellen und Befunde seien hier zwei, von Schenk-Danzinger überarbeitete, Beispiele wiedergegeben, die sich nur auf einige der von den Schülern interpretierten Abstrakta beziehen.

Tabelle 14: Richtige Lösungen der Knaben bei der Bildung des Gegenteils von Formadjektiva und moralisch-sittlichen Adjektiva in Prozenten (Neuhaus)[44]

	Formadjektiva Schultype				Moralisch-sittliche Adjektiva / Schultype			
Alter	Gymn.	Mit.	Volks.	Sond.	Gymn.	Mit.	Volks.	Sond.
10	78,1	49,3	47,9	14,6	22,1	19,9	9,9	1,5
11	80,0	57,8	45,9	16,1	31,2	23,4	13,0	1,5
12	83,5	59,8	52,5	20,7	46,0	29,2	18,4	4,9
13	88,8	68,1	53,7	34,6	49,2	34,2	19,3	9,8
14	93,8	61,9	56,8	32,4	58,2	43,7	23,8	10,1
15	–	66,7	57,0	45,0	–	42,4	26,0	15,8

Es zeigt sich also, daß die Formadjektiva in allen Altersstufen und Schularten besser verstanden werden als die moralisch-sittlichen Adjektiva. Es wird zugleich deutlich, daß in allen Schularten mit zunehmendem Alter eine Leistungsverbesserung eintritt. Der Abstand im Verständnis ist zwischen Volksschülern und Gymnasiasten sowohl in bezug auf die Formadjektiva als auch auf diejenigen, die sich auf Wertvorstellungen beziehen, ein erheblicher. Dreizehnjährige Volksschüler erreichen in keinem Fall die Werte der zehnjährigen Gymnasiasten.

Besonders interessant ist die Aufschlüsselung der Werte für die Lösungen im Geschlechtervergleich der Gymnasien bei den Wertvorstellungen (vgl. Tab. 15, S. 38).

Hier zeigt sich in allen drei Kategorien, daß die dreizehnjährigen Mädchen kaum bessere Leistungen als die Knaben erbringen, daß sie jedoch mit vierzehn Jahren die Knaben weit überrunden. Das Verständnis für innerseelische Bezüge erwacht also in der weiblichen Pubertät offenbar eher als in der männlichen. Es wäre hier außerordentlich wichtig, diese Daten durch eine neuere Untersu-

Tabelle 15: Richtige Lösungen von Gymnasiasten und Gymnasiastinnen zwischen 13 und 14 Jahren bei der Bildung des Gegenteils von abstrakten Adjektiva in Prozenten (Neuhaus)[45]

	Moralisch-sittliche Adjektiva		Ästhetische Adjektiva		Emotionale Adjektiva	
Alter	Mädchen	Knaben	Mädchen	Knaben	Mädchen	Knaben
13	47,3	49,2	42,2	42,4	36,4	34,6
14	65,7	58,2	70,5	43,1	62,3	46,1

chung zu überprüfen, um zu ermitteln, ob sich die seelisch-geistige Pubertät der Knaben in den letzten 15 Jahren stärker differenziert hat.

5. Stilformen des Erzählens

Eine vorwiegend formale Analyse von Erzähleinheiten legte Obrig 1933 vor.[46] Sie gab vier- bis zwölfjährigen Schülern drei verschiedene Geschichtenanfänge, die unterschiedliche Reizqualitäten enthielten. In der ersten Geschichte hatten sich Kinder verlaufen, in der zweiten waren drei Wanderburschen hungrig und in der dritten mußte ein Kind (Else oder Fritz) durch Schlittenfahren zum Lachen gebracht werden. Die Kinder wurden jeweils am Spannungshöhepunkt aufgefordert, die Erzählung zu beenden.
Die jüngeren Kinder erzählten mündlich weiter, die älteren Schüler schriftlich. Die Auswertung erfolgte nicht quantitativ statistisch, sondern phänomenologisch beschreibend.
Obrig arbeitete anhand der Ergebnisse qualitativ verschiedene Stilformen der Schülerniederschrift heraus. Diese für den Schulpraktiker immer noch gut verwertbaren Daten wurden in den letzten 40 Jahren immer wieder bestätigt. So konnte Küppers 1940[47] die gleichen formalen Kriterien, die Obrig vorwiegend an Leipziger Stadtschulkindern gewonnen hatte, an hessischen Landschulkindern belegen. Die formalen Merkmale deckten sich, jedoch wichen die Inhalte des Erzählten etwas voneinander ab.
Hetzer modifizierte die Arbeit von Obrig später, indem sie einen geänderten Geschichtenanfang gab,[48] und die von Busemann herausgestellten Kriterien des aktionalen und des qualitativen Stils verwendete.
Busemann[49] verstand unter aktionalem Stil eine Erzählform, in der die Tätigkeit dominiert – die Rose blüht – unter qualitativem Stil eine Erzählform, in der die adjektivische Beschreibung vorherrscht – die Rose ist rot –. Busemann glaubte nachweisen zu können, daß im Kindes- und Jugendalter in einem Zeitintervall von etwa zwei

bis zweieinhalb Jahren jeweils ein Umschlag von der einen zur anderen Sprechform erfolgt. Unterrichtliche Beeinflussung und unterschiedliche Lernerfahrungen des Schülers verwischen heute jedoch solche Zäsuren weitgehend. Doch gab Busemann den Anstoß, diese Stilformen zu beobachten.
Schenk-Danzinger griff die Ergebnisse von Hetzer auf und modifizierte nur ihre Interpretation.[50]
Eine recht detaillierte Untersuchung über den Sprachstil des Grundschulkindes legte Pregel 1970 vor.[51] Er verwendete 3000 mündliche Darstellungen von Kindern aus verschiedenen Bundesländern im Alter von sechs bis elf Jahren. Durch unterschiedliche Impulse wurde Berichten, Erzählen und Beschreiben provoziert. Pregel kommt bei der Auswertung zu zwei schulischen Stilaltern innerhalb der Primarstufe. Er stellt fest: »Ein Stilalter möchte ich sehen als eine charakteristische Konstellation von Stilkonstanten in einem bestimmten Alterskontinuum des Kindes.«[52] Diesen Stilkonstanten stehen Stilvariablen gegenüber. Sie sind bestimmt durch geographische, soziale, epochale Einflüsse, Bildung und Sprachniveau der Eltern.
Schließlich führte Schneider 1973 eine Nachkontrolle der Arbeit von Obrig an Frankfurter Stadtschülern durch.[53]
Zusammengefaßt lassen sich aufgrund dieser verschiedenen Untersuchungen, deren Ergebnisse noch immer überraschend übereinstimmen, folgende Merkmale in den Weitererzählungen der Schüler der Primar- und der beginnenden Sekundarstufe nennen:

I. Stufe (4 bis 6 Jahre):

Beispiel:
(Mä. 5;5 J.) ». . da sind sie den Berg runter gefahren, da sind sie umgefallen, da sind sie wieder aufgestanden, da sind sie weitergefahren. Dann wieder einen Berg runter.«[54] (Weitererzählung der dritten Obrig-Geschichte)

Die Weitererzählungen der Kinder greifen den vorgegebenen Anfang der Geschichte nur vage auf. Inhaltlich kann der Anfang verlorengehen. Das Kind erlebt das Sprechen-Sollen als Ausdrucksbewegung mit sprachlichen Mitteln. Ebenso wird die Erzählung nicht beendet, wenn der Sachzusammenhang abgeschlossen ist, sondern wenn die Sprechlust des Kindes aufhört.
Der inhaltliche Zusammenhang ist nicht logisch und sachbestimmt, sondern erlebnisbestimmt.
Oft werden viele Einzelheiten berichtet.
Die Syntax weist unvollständige Sätze, abgeschlossene Hauptsätze oder Satzketten auf.

Qualitative Aussagen sind selten. Als Zeitform herrschen Präsens und Perfekt vor.
Hetzer bezeichnet den Stil dieser Altersstufe als ganzheitlich-erlebnisbestimmt.

II. Stufe (7 bis 9 Jahre):

Beispiel:
(Mä. 8;4 J.) »... Sie fuhren in den Wald. Es war finstere Nacht, sie fuhren immer weiter. Als sie so fuhren, hupfte ein Eichhorn und hupfte auf den Schlitten. Das Männlein lachte. Da lachte die Else mit. Da sprach das Männlein, jetzt hast Du zum ersten Male gelacht.«[55] (Weitererzählung der dritten Obrig-Geschichte)

Inhaltlich wird an die vorgegebene Geschichte angeknüpft. Der Geschehenszusammenhang ist verständlich, jedoch noch ohne sinnrichtiges Nacheinander.
Die Syntax zeigt erweiterte Hauptsätze.
Aktionale Aussagen herrschen vor.
Häufige Verwendung der direkten Rede und von den Erwachsenen übernommene Formeln treten auf. Es finden sich noch keine Anzeichen von Abstraktion, Reflexion und Präzision; führend ist ein anschaulicher, nüchterner Berichtscharakter.
Als Zeitform herrscht das Imperfekt vor.
Der Stil dieser Altersstufe wird von Hetzer als ganzheitlich-sachbetont gekennzeichnet, während Schenk-Danzinger ihn als unstrukturiert-aktional bezeichnet.

III. Stufe (10 bis 12 Jahre):

1. Beispiel:
(Kn. 10 J.) »... zu einer Wolke. In der Wolke waren viele Mainzelmännchen, und sie führten ihre größten Kunststücke vor. Zuerst lachte das Mädchen nicht. Aber als einer kam, der Dett hieß, mußte sie doch lachen. Das Männchen fuhr sie wieder zurück und sprach: ›Siehst Du, nun hast Du doch einmal gelacht‹«[56] (Weitererzählung der dritten Obrig-Geschichte von einem Frankfurter Schüler)

2. Beispiel:
(Kn. 11 J.) »... Da vernahm es auf einmal hinter sich ein raschelndes Geräusch. Es drehte sich um und sah durch die verweinten Augen zwei große grüngelbe Lichter, die sie starr anschauten. Das Mädchen wollte laut aufschreien, brachte aber keinen Ton über die Lippen. Seine Augen hingen immer noch starr an dem Fleck, von wo aus die unheimlichen Lichter auf sie herabschauten. Auf einmal ertönte von dort, wo die Lichter zu sehen waren, ein unheimlicher, markdurchdringender Ruf, und die Lichter verschwanden. Nur ein leichtes Schwirren und Flattern in der Luft verkündete dem Mädchen, daß es eine Eule war, die dort auf dem Baume saß. Das Mädchen, das sich vom ersten Schrecken erholte, fing wieder an, leise vor

sich hin zu weinen. Es mußte immer wieder an die Eule denken, die dort auf dem Baume saß. Während es so vor sich hin weinte, fielen ihm die Augen immer mehr zu, und es schlief allmählich ein. In diesem Schlaf träumte das Mädchen folgendes. Sie sah, wie ihr Vater im Walde umherging, sie suchte und dabei dauernd ihren Namen rief. Auf einmal wurde sie durch einen Ruf aus dem Schlaf gerissen, und was sie geträumt hatte, war Wahrheit geworden. Ihr Vater hatte sie gefunden und brachte sie wohlbehalten zurück.«[57]
(Weitererzählung der von Hetzer vorgegebenen Geschichte)

Anfang und Ende der Weitererzählung sind jetzt deutlich herausgehoben.
Ansätze zu einer logischen und zeitlichen Ordnung sind gegeben.
Das inhaltlich Wesentliche wird hervorgehoben.
Aktionale Aussagen herrschen weiter vor, jedoch finden sich nun auch qualitative Beschreibungen.
Aussagen über Gedanken und Gefühle der handelnden Personen treten auf.
Ästhetisches Bedürfnis und Gestaltungsabsicht mit sprachlichen Mitteln wird deutlich. Gegensätze und Übertreibungen spielen eine Rolle.
Es ist reichlicher Gebrauch von Adjektiven zur Stimmungsmalerei und zur anschaulichen Darstellung vorhanden. Die Abstraktion beginnt.
Es findet sich gute Strukturierung des Inhaltes.
Die Syntax zeigt über- und untergeordnete Sätze. Die dominierende Zeitform ist das Imperfekt.
Nach Hetzer ist dies der gegenständliche Stil mit Gestaltungsabsicht am Ende der späten Kindheit, den Schenk-Danzinger als strukturierten Stil mit Gestaltungsabsicht bezeichnet.
Die Alterseinteilung von Pregel überschneidet diese obengenannten Stufen. Er unterscheidet ein erstes und zweites schulisches Stilalter. Die hier herausgearbeiteten Merkmale stützen die Ergebnisse der älteren Untersuchungen jedoch durchaus.
Stildominanten für das erste schulische Stilalter, das Pregel von 5;8 bis 8;11 Jahre ansetzt, sind:
»Die determinierte oder unbestimmte Menge als Ausmaß der Gegenstände bestimmt ihr Bild in der erzählten Geschichte. Gegenstände und Ereignisse werden dem Hörer im flächigen Nebeneinander vor das Auge gestellt.«[58]
Vor allem bei den Schulanfängern herrschen der Raum und die Gegenstände im Raum als die die Struktur tragenden Elemente der Darstellung vor.
Als weiteres Stilelement wird das Perfekt, das zur additiven Verknüpfung von Geschehenseinzelheiten beiträgt, genannt.

Stildominanten für das zweite schulische Stilalter (8;11 bis 11 Jahre) sind:
Die Erzählung erhält Gerichtetheit. »Die sprachlich abgesteckte Fläche wird mehr und mehr in Tiefe aufgelöst. Raum und Zeit werden geschichtet, vor allem durch den jetzt beobachteten perspektivischen Bezug der Dinge. Das Kind nutzt die Möglichkeit, aus dem Sprachangebot die Mittel aufzugreifen und in den eigenen Sprachgebrauch einfließen zu lassen, die Raum und Zeit detaillierter ordnen.«[59]
Dabei ist die Struktur des Geschehens nun auf das Besondere, Einmalige hin ausgerichtet. Eine prägnante Zusammenfassung, oft mit Ausblick oder auch schon mit Eigenreflexion kennzeichnet die Schlußformen.
Bei der Nachkontrolle der Arbeit von Obrig durch Schneider – nach einem Abstand von 40 Jahren – an Schülern des Stadtschulbezirkes Frankfurt zeigte sich, daß die charakteristischen Formmerkmale, die Obrig herausarbeitete, überraschend konstant geblieben sind. Dagegen spiegelt sich in den Inhalten des Erzählten die veränderte Lebensumwelt unserer Kinder wieder, wie das oben zitierte Beispiel der Mainzelmännchen schon andeutet. Doch finden sich neben dem Repertoire, das aus Fernsehsendungen stammt, auch heute immer noch märchenhafte Züge.
Stilmerkmale sind nicht oder nur sehr schwer quantifizierbar. Phänomenologisches Vorgehen erscheint jedoch als durchaus legitim. Die oben gegebenen Hinweise müssen als Tendenzen, die sich in kindlichen und jugendlichen Darstellungen finden, angesehen werden. Vergleiche mit fremdsprachiger Literatur entfallen weitgehend, da Semantik, Syntax, überhaupt grammatikalischer Aufbau der Sprache nur schwer vergleichbar ist. Ohne daß statistisch gesicherte Grundlagen bei den hier referierten Arbeiten gegeben sind, vermag der Schulpraktiker aber doch mit Hilfe dieser Daten recht gut den Altersvorsprung oder Altersrückstand eines Schülers abzuschätzen.
Bei all dem hier Gesagten muß man natürlich vor Augen haben, daß es sich um Schüler in einer Schule handelt, daß diese Kinder schulisch und häuslich Anregungen erhalten. Insofern streuen auch die Ergebnisse, die uns unsere Schüler bieten in außerordentlich großem Maße. Daraus ergibt sich aber auch, wie notwendig eine bewußte Sprachförderung auf der Basis der hier genannten Voraussetzungen für den Schüler ist.

III. Das Verständnis für literarische Texte*

Als eines der Ziele des Deutschunterrichts wird in der didaktischen Diskussion das Verständnis von Literatur genannt.
»Den literaturverständigen Leser, Hörer und Zuschauer bilden«, sagt Doderer, »kann nur bedeuten, ihm in der exemplarischen Begegnung mit den poetischen Formen wie Fabel, Novelle, Kurzgeschichte, Roman, wie Sinngedicht und Stimmungslyrik, wie Drama als Bühnenstück und Hörspiel Erfahrungen zu vermitteln.« Es geht dabei »nicht um die Übermittlung eines kanonischen Literaturgutes, sondern um die Gewinnung von ›Literaturverstand‹«.[1]
Dagegen nennt Helmers als Ziel der literarischen Bildung die Einführung in das Verstehen der Literatur.[2]
Und Baumgärtner formuliert auf dem Mainzer Symposion über den »Deutschunterricht in der Sekundarstufe I« 1977: »Für den Literaturunterricht scheint mir kein anderes Ziel denkbar, als den Schüler zu sachgemäßem Umgang mit der Literatur als einem immer noch unersetzbaren Bestandteil menschlicher Zivilisation zu befähigen.«[3]
In einer Bestandsaufnahme über die Pläne für den Deutschunterricht in zehn Bundesländern (Niedersachsen fehlt), stellt Linz auf dem gleichen Symposion fest: »Es gibt keinen Lehrplan, in dem die Lektüre von Dichtungen nicht verbindlich vorgeschrieben wäre. Es gibt auch keinen, in dem nicht ein breites Spektrum literarischer Gattungen vorgeschlagen wird. Soweit man den Plänen das entnehmen kann, wird fiktionalen und expositorischen Texten das gleiche Gewicht zugemessen.«[4]
Dabei unterscheiden sich freilich je nach ideologischer Herkunft der Lehrplangestalter die im einzelnen angegebenen Lernziele. So wird in den Hessischen Rahmenrichtlininen ebenso wie in den Vorschlägen des Bremer Kollektivs (Ehlert/Hoffacker/Ide) der Akzent einseitig auf die gesellschaftliche Funktion von Dichtung gelegt.
In den Hessischen Rahmenrichtlinien heißt es: »Wenn man davon ausgeht, daß der Deutschunterricht nicht dem Erwerb spezieller literarischer Kenntnisse oder der Einführung in einen nationalen Kanon wertvoller Dichtung dienen soll, dann geht es in diesem

* Die Begriffe Verstehen, Verständnis, Verständlichkeit werden hier, ohne daß die erziehungswissenschaftliche hermeneutische Diskussion berücksichtigt wird, synonym gebraucht.

Arbeitsbereich darum, den Anspruch und die Bedeutung unterschiedlicher Texte im gesellschaftlichen Leben zu bestimmen.«
Es gilt: »Den vielschichtigen Verwendungszusammenhang deutlich zu machen, in dem Dichtung steht und die emanzipatorischen Möglichkeiten eines Textes jeweils zu diskutieren.«[5]
Ehlert u.a. formulieren: »Alle Beschäftigung mit Literatur klärt den gesellschaftlichen Kontext, untersucht das Werk als Spiegel gesellschaftlicher Zustände und als auf diese Verhältnisse einwirkende, Bewußtsein schaffende und personale sowie soziale Aktivität auslösende Kaft.«[6]
Dagegen heißt es in den Lehrplänen des Landes Nordrhein-Westfalen, wie oben schon erwähnt: »Die Sprache dient der Entfaltung der Individualität. Sie ermöglicht Bildung und Selbstbildung der Persönlichkeit ... Die Sprache läßt sich zum gestalteten Werk steigern. Sie schafft in der Literatur eine Wirklichkeit eigener Art...«[7] Bei all diesen Lernzielen wird die Situation des Schülers kaum in Rechnung gestellt. Es werden sinnvolle oder auch problematische Lernziele formuliert, bei denen die Fähigkeiten des Schülers außer acht bleiben. Es wird dabei nicht gefragt, was den Schüler interessiert, was zu behalten er in der Lage ist, und was er verstehen kann.
So ist der Schulpraktiker im konkreten Fall gezwungen, den Lesestoff, den er seinen Schülern anbietet, auf Grund gewisser Erfahrungen auszuwählen. So weiß er, diese Fabel wird mein drittes Schuljahr noch nicht verstehen, aber im fünften Schuljahr kann ich sie vielleicht vorlegen. Er wagt diesen oder jenen Gedichtstoff in einem guten vierten Schuljahr, den er in einer weniger aufgeschlossenen Klasse nicht riskieren würde. Er probiert dabei quasi Stoffe aus, meist ohne faßbare Daten für die Verständnisschwelle der Schüler in der Hand zu haben.
Die gegenwärtige Fachdidaktik Deutsch bietet in Zeitschriften und Schrifttum eine Fülle von Interpretationen der im schulischen Alltag zu besprechenden Texte. Dabei wird die Frage nach dem Schülerverständnis in jüngerer Zeit zwar gestellt, die Texte werden jedoch fast ausschließlich literarisch, oft linguistisch, nach Inhalt oder Struktur, aber ohne Bezug zu Milieu und Reifelage des Rezipienten analysiert.
So schreibt z. B. Dahrendorf: »Der Leser ist bekanntlich erst jüngst in der Literaturwissenschaft so eigentlich entdeckt worden, und zwar der konkrete, individuelle Leser.«[8]
Ebenso notiert Kaiser: »Was hingegen zu wünschen übrig läßt, ist die Theorie der Leserentwicklung als wissenschaftliche Orientierungshilfe für die Unterrichtspraxis.«[9]

Rezeptionsforschung im ganzen stellt sich vorwiegend auf eine Analyse der Texte ein, nicht aber auf eine Analyse des Schülerverständnisses. Doch wird auch hier der Ruf nach einer Untersuchung der Leservariablen immer lauter. »In der literaturwissenschaftlichen Praxis haben sich rezeptionsästhetische Gesichtspunkte auf breiter Front durchgesetzt, ohne daß man diese Ansätze ohne weiteres auf einen gemeinsamen Nenner bringen könnte. Als Quintessenz solcher Ansätze hat man die ›Wiederentdeckung des Lesers‹ bezeichnet. In der Tat besteht wissenschaftsgeschichtlich gesehen in einer solchen allgemeinen Umorientierung der Blickrichtung ihre Leistung«, sagt Weber 1977 in der Zeitschrift »Deutschunterricht«, dessen Heft sich der Rezeptionsästhetik widmet.[10]
Im gleichen Heft stellt Delius fest: »Trotz einer in den letzten Jahren gewachsenen Einsicht in die Notwendigkeit, die Rezeption von Literatur durch Schüler mehr als bisher zu erforschen, ist die Kenntnis der Beziehungen von Schülern zu literarischen Texten immer noch relativ gering.«[11]
Willenberg kritisiert an Wienolds Texttheorie: »Der Leser fehlt, er wird nur beschworen ... Die Erforschung der Leservorgänge hat in der Tat erst begonnen.«[12]
Auch Eggert/Berg/Rutschky machen auf diesen Mangel aufmerksam: »Gerade die selbstverordnete Abstinenz in der Erforschung der psychischen und sozialen Prozesse bei der Rezeption literarischer Werke hat gegenwärtig fatale Konsequenzen.«[13]
So wird von den Germanisten folgende Forderung aufgestellt: »Weitere Forschungen und Erfahrungsberichte zum Problem der entwicklungspsychologisch bedingten Rezeptionsweisen sind ein dringendes Desiderat.«[14]
Man sieht also, die »Leerstelle« wird deutlich empfunden. Im folgenden soll daher, soweit theoretische und empirische Unterlagen das zulassen, das literarische Verständnis des Schülers in verschiedenen Schul- und Bildungsstufen geklärt werden.
Methodologisch scheint man das Problem von drei verschiedenen Seiten her in Angriff nehmen zu können:
1. Von der älteren Lesertypologie
2. Von der Rezeptions- und Verständlichkeitsforschung und
3. Durch Untersuchungen an literarischen Texten.

1. Lesertypologie

Die ältere Lesertypologie, von Beinlich im Handbuch »Lesen«[15] noch einmal detailliert und zusammenfassend dargestellt, geht von

den Schülerinteressen aus und setzt Leseinteresse mit Leserreife und praktisch auch mit Leseverständnis gleich.
Das dahinterstehende, nicht immer ausgesprochene Postulat lautet: Was ein Kind, einen Schüler interessiert, versteht er, zuerst mehr einfühlend, unbewußt global und später bewußt und kognitiv durchschauend.
Die erste Darstellung einer Leseentwicklung geht auf Charlotte Bühlers Einteilung zurück, die die folgende Phasenfolge vorlegte: Struwwelpeteralter (2. bis 4. Lebensjahr); Märchenalter (4. bis 8. Lebensjahr); Robinsonalter (9. bis 11./12. Lebensjahr); Heldenalter (12. bis 15. Lebensjahr) und lyrisches bzw. Romanalter (15. bis 20. Lebensjahr).[16]
Gemeint ist also, daß das Interesse an Märchen, Robinsonade, Heldengeschichte, Roman in verschiedenen Altersstufen kulminiert.
Die auf Ch. Bühlers Entwurf aufbauende detailliertere Darstellung von Schliebe-Lippert unterscheidet einmal zwischen außerästhetischem literarischem Verhalten im Kleinkindalter, Schulkindalter und Vorreife und literarästhetischem Verhalten im Jugend- und Erwachsenenalter.
Zum ersten Bereich zählt eine Anfangsphase vom 2. bis 5. Lebensjahr, in der Bilderbuch, Märchen, Kasperltheater, Fingerspiel, Lied, Kinderreim, Gebet als Textbegegnungen – zumindest in sozial günstigem Milieu – gegeben sind. Es folgen eine märchenhafte Lesephase (6. bis 8. Lebensjahr), in der Märchen, Puppenspiele, Kleinkindergeschichten, Legenden u. ä. bevorzugt werden. Darauf aufbauend findet sich die sachbetonte Lesephase, die in Sagen, einfachen Reiseerzählungen, Tier- und Pflanzenbüchern ihren Niederschlag zeigt. Aber auch Atlanten, Wörterbücher, Zeitungen, Zeitschriften, Film und Theater spielen nun schon eine Rolle (9. und 10. Lebensjahr). Schließlich folgt nach Schliebe-Lippert die apsychologisch gesteuerte Lesephase (11. bis 13. Lebensjahr). Bevorzugt werden jetzt Abenteuerbücher, Reisebücher, Sportbücher, Backfischliteratur, Helden- und Mädchenbücher.
Der literarästhetische Bereich der Leseentwicklung gliedert sich in eine psychologisch-ästhetische Erregungsphase im Jugendalter (14. bis 16. Lebensjahr), in der historische Romane, Balladen, Novellen, Dramen, Kunstmärchen bevorzugt werden und in eine Reifestufe (17. bis 20. Lebensjahr), in der Biographien, Romane, philosophische Dichtung, Lyrik gelesen wird. Schließlich folgt die psychologisch-ästhetische Beruhigungsphase des Erwachsenen.[17]
Beinlich schließt sich an diese Einteilung von Schliebe-Lippert an, erweitert sie jedoch zu einem »offenen«, mehrschichtigen Entwurf.

Bevorzugte Texte für die Zeit des frühen Grundschulalters (5. bis 8. Lebensjahr) sind Märchen mit mehr magischem aber auch andere mit mehr realistischem Einfluß; Legenden, einfache Volkssagen, Reime, Gedichte, Lesebücher aller Art, auch Fibeln, Eigenschöpfungen werden verwendet.
Als bevorzugte Texte für die Zeit zwischen 9 bis 13 Jahren werden hier für beide Geschlechter das Abenteuerbuch, dann das Mädchenbuch und die Jugendzeitschriften genannt. Es findet sich daneben nun schon Zuwendung zu Gedichten, zu geeigneten Balladen. Auch das darstellende Spiel, Handpuppenspiele, Kinderfunk finden Anklang. Hinzu kommen, vorwiegend bei den Knaben, Sachbücher und Nachschlagewerke.
Bevorzugte Texte im Alter zwischen 13/14 bis 16/17 Jahre sind zum Teil noch die Texte der vergangenen Jahre. »Es wird häufig außerordentlich viel gelesen zur Orientierung, zum Entspannen, zum Ausgleichen für noch vorenthaltenes Leben. Eine neue Lesewut kann auftreten. Das spezielle Jugendbuch, z. B. alle Arten des Abenteurerbuchs . . . werden neben denen volkstümlicher Dichtung, theoretisch neben allen Bereichen der Erwachsenenliteratur fluktuierend gelesen.«[18] Besonderes Interesse finden bei beiden Geschlechtern die Kurzgeschichten. Der Zugang zur Lyrik bahnt sich nur vorsichtig an, hauptsächlich steht die Prosa im Mittelpunkt.
Bevorzugte Texte des Alters von 16/17 bis etwa 21/24 Jahren sind neben den vorher genannten Texten jetzt auch Drama und Lyrik, die starkes Interesse finden, ebenso Biographien, biographische Romane, Entwicklungs- und Bildungsromane, psychologische Romane und auch moderne Prosa, zeitnahes auch gesellschaftskritisches Schrifttum sowie Sachbücher.
Beinlich möchte den Ausdruck »Entwicklungsphasen« oder »Lesephasen« vermeiden und spricht von »Zonen«, die er als weiträumiger und zum Teil als sich überlappend ansieht. Der Einfluß des Fernsehens bleibt bei all diesen Einteilungen unerörtert.
Giehrl geht in seiner Arbeit »Der junge Leser« auf die Grundzüge der »literarischen Entwicklung im Kindes- und Jugendalter« ein. Die drei Grundantriebe, die zum Lesen führen, sind nach Giehrl: Erstens »das Verlangen nach Erfassung und Durchdringung des innerweltlich Begegnenden, das Streben nach Weltorientierung und Welt- und Daseinserhellung«,... der zweite Grundantrieb entspringt »dem Streben nach Überwindung oder zumindest Lockerung der menschlichen Gebundenheit«, und im dritten Grundantrieb »offenbart sich das im Menschen angelegte Suchen nach Ordnung und Gestalt, nach Sinndeutung der Welt und des menschlichen Lebens.«[19]

Alle diese Arbeiten gehen – um es zu wiederholen – vom Leseinteresse des jungen Menschen aus. Zum Teil wird empirisches Material vorgelegt, das sich auf die Ausleihestatistiken der in Volksbüchereien angebotenen Literatur bezieht. Sicher ist es legitim, Interesse und Verständnis in einen engen Zusammenhang zu bringen. Der zu schwere oder der zu leichte Stoff wird im allgemeinen abgelehnt. Auf der anderen Seite ist aber mit dieser Lesertypologie, mit diesen Lesephasen oder Lesezonen, nicht sehr viel über den Rezipienten ausgesagt. Die Textsorten sind global aufgeführt, verschiedene Gattungen sind in Bezug gesetzt zum Leseinteresse des jungen Menschen, aber das Vermögen für die Entschlüsselung eines bestimmten Textes wird nicht befragt. Insofern können diese sogenannten Lesephasen nur eine recht geringe Hilfestellung für die Analyse der Leservariable im Kontext mit Autor und Werk bedeuten.
Schließlich sei noch kurz ein neuerer Ansatz zur Leserentwicklung von Kaiser erwähnt. Kaiser versucht, an die Stelle der Lesephasen »Entwicklungsaufgaben« zu stellen, und er erhärtet seine Thesen durch Fallbeispiele.
Lieblingsbücher der Schüler zeigen ihm den jeweiligen Entwicklungsstand und vor allem auch das Maß der Schädigung an. Er geht davon aus, daß Retardierung lesend überwunden werden kann. »Texte können eingesetzt werden, um die Entwicklung gezielt zu fördern.«[20]
So anerkennenswert und höchst notwendig der Rückgriff auf die Entwicklungspsychologie ist, so ist das vorgelegte Material noch nicht voll überzeugend.

2. Die Rezeptions- und Verständlichkeitsforschung

Überblickt man diese verschiedenen Phasen- oder Zoneneinteilungen, so hat man gewisse Hinweise, welche literarischen Gattungen dem Schüler in verschiedenen Lebensaltern gemäß sind. Die Nähe, die Affinität des Lesers zu bestimmten Texten läßt sich vorhersagen; jedoch, wie erwähnt, nur sehr global. »Zuwendung zum Jugendbuch«, »Interesse an Kurzgeschichten« enthält zwar eine kategoriale Aussage, es bleibt aber offen, welche Kurzgeschichten z. B. im konkreten Fall dieser bestimmten Klasse zumutbar oder günstig sind. Außerdem ist meist unerörtert, daß sich Interesse nicht mit Verständnis deckt. Auch Giehrl, der von der Motivation des Lesers ausgeht, faßt psychische Prozesse zwar etwas prägnanter, die Frage nach dem Verständnis bleibt jedoch auch hier offen.

Demgegenüber setzt die Rezeptionsforschung und hier wieder in besonderem Maße die Verständlichkeitsforschung sehr detailliert und subtil ein. Das Kommunikationsmodell: Autor-Werk-Leser liegt den Analysen zugrunde. Der Leser wird innerhalb der Rezeptionsforschung als der eine Exponent des Prozesses gesehen; Autor und Leser literarischer Werke sind die beiden Endpunkte der Kommunikation. Sender und Empfänger stehen sich gegenüber, die verschlüsselte Botschaft des Autors muß vom Leser entschlüsselt, d. h. decodiert werden. »Dabei lassen sich aus der gesamten Kommunikationsstruktur Teilbereiche ablösen: Der Sender und seine Relation zur ›Botschaft‹ (literarisches Werk) als klassischer Schaffens- und Kreativitätsaspekt, die Botschaft und ihre Relation zum Empfänger (Leservariable) und der übergreifende Kommunikationsprozeß, der Sender, Botschaft und Empfänger in Beziehung setzen muß.«[21]
Es müßte im Grunde also diese Beziehung untersucht werden. Sosehr in der gegenwärtigen Literatur die Bedeutung der Leservariable betont wird, sosehr wird sie, wie gesagt, trotz allem vernachlässigt. Aber es bedeutet doch einen wesentlichen Fortschritt, daß nach »Lämmert die Rezeptionsgeschichte . . . zur Wirkungsgeschichte verlängert werden« soll,[22] d. h. »im Unterschied zur älteren Wirkungsästhetik, bei der die intendierte Wirkung im Mittelpunkt steht, gewinnt die Rezeptionsästhetik ihre Maßstäbe aus der tatsächlich ausgeübten Wirkung, soweit sich diese feststellen läßt.«[23]
Der Schwerpunkt wird also in den Forderungen auf den Rezipienten verlagert. Praktisch jedoch läuft auch die heutige Rezeptionsanalyse meist auf eine Textanalyse hinaus.
Sicher ist in der Konzeption des Autors seit eh und je auch der Leser als eine mitgedachte Größe vorhanden gewesen. In diesem Zusammenhang werden in neuerer Zeit drei verschiedene Aspekte (oder sogar Typen) des Lesers unterschieden.
»1. Der reale Leser. Er ist Bestandteil des literarischen Publikums, und Gegenstand der literatursoziologischen wie der leserpsychologischen Forschung.
2. Der imaginierte oder intentionale Leser spiegelt die Lesererwartung eines Autors. Häufig entspricht er nicht dem realen, sondern einem Idealbild vom Leser. Diese Vorstellung, die der Autor von seinem Leser hat, schlägt sich nieder im Kunstwerk selbst.
3. Der implizite, konzeptionelle oder fiktive Leser ist im Text selbst enthalten (werkintern), einerseits als Ausfluß der Leservorstellung seines Verfassers, andererseits als Lektüreanweisungsmuster, als Leserrolle für den realen Leser selbst.«[24]
Auch wenn hier der reale, der imaginierte, der intentionale oder der

fiktive Leser unterschieden werden, so wird der Leser stets von seiten des Autors oder von seiten des Werkes gesehen. Das Vermögen, das Können, die Befindlichkeit, die Kapazität des Lesers wird nirgends direkt befragt. Leserverständnis kann aber nur durch eine Analyse des Lesers selbst ermittelt werden.

Eine der ganz wenigen linguistischen Arbeiten, die in dieser Weise ansetzen, ist die Untersuchung von Bauer u. a. über das Gedicht von Paul Celans »Fadensonnen«, auf das später noch eingegangen wird.[25] Hier werden Schüler und Studenten direkt nach ihrem Verständnis der im Text gegebenen Bilder oder Wörter befragt.

Am dichtesten am Leser und damit auch am schulnächsten sind im deutschsprachigen Raum ferner die Arbeiten der Psycholinguisten Teigeler und Groeben; aber auch die von Langer, Schultz von Thun, Wiezcerkowski und Tausch sind zu nennen. Diese Autoren, nicht von der Germanistik, sondern von der Psychologie her kommend, versuchen eine Analyse der »Verständlichkeit von Unterrichtstexten« (Groeben) zu geben.

Sie bauen auf auf einer fast vierzigjährigen, allerdings vorwiegend amerikanischen Forschungstätigkeit, die sich besonders mit der »Lesbarkeit« (readability) beschäftigt. Erwähnt sei die bereits 1946/49 von Flesh herausgearbeitete »Lesbarkeitsformel«[26], die sich darauf bezieht, daß Wortauswahl und Satzgliederung als die die Lesbarkeit bestimmenden Faktoren anzusehen sind. Dabei zeigt sich, daß gebräuchliche, kurze Sätze besser haften als geschachtelte.[27]

Außerdem konnte nachgewiesen werden, daß aktive Verben leichter aufgenommen werden als passivisch formulierte.[28]

Paivio konnte zeigen, daß »Texte leichter zu behalten sind und besser eingeordnet werden können, wenn der Anteil an konkreten, d. h. vorstellungsfördernden Wörtern größer ist. Nur die Leichtigkeit der unmittelbaren Aufnahme von Sprache wird durch den unmittelbaren Faktor ›Bekanntheitsgrad der Wörter‹ noch mehr erleichtert als durch den Faktor ›Konkretion‹ «.[29]

Nach Spearrit ist die »Textverständlichkeit durch folgende Dimensionen bestimmt:

1. Schlußfolgerndes Denken während des Lesens (reasoning in reading);
2. Kenntnis von Wortbedeutung;
3. Identifizierung von Intention, Einstellung, Stimmung des Textes/Autors;
4. Fähigkeit, der Textstruktur/-gliederung zu folgen.«[30]

Der Vorteil der Arbeiten vor allem von Teigeler und Groeben, aber auch der von Langer, Schultz von Thun und Tausch besteht darin,

daß sie für den Anwendungsbereich der Schulpraxis arbeiten. Sowohl die Intention zielt auf Schule als auch die Untersuchungen werden im Schulbereich durchgeführt. So konnte z.B. Teigeler (Satzstruktur und Lernverhalten) zeigen, daß das Prädikat durchschnittlich signifikant besser behalten wird als das Subjekt.[31]
Überall läßt sich der Primat des Verbs nachweisen. Wichtig ist außerdem die Stellung der einzelnen Wörter innerhalb der Sätze. »Je früher im Satz die syntaktische Grundform abgeschlossen ist, um so leichter ist er zu behalten.«[32]
Die Autoren des »Hamburger Verständlichkeitskonzeptes« (Langer, Schultz von Thun, Tausch) versuchen vier Dimensionen der Verständlichkeit eines Textes herauszustellen. Es geht ihnen um die »Aneignung von Kenntnissen im Unterricht durch verständliche Lehrtexte«.[33] Sie untergliedern dabei nach den folgenden Dimensionen: »Einfachheit; Gliederung-Ordnung; Kürze-Prägnanz; zusätzliche Stimulanz.«[34]
Texte wurden von Studenten nach diesen Gruppierungen beurteilt und analysiert. Schließlich wurden auch trainierte und untrainierte Lehrer aufgefordert, auf der Basis dieser vier »Verständlichmacher« Texte zu entwerfen, wobei erwartungsgemäß die trainierten Lehrer besser abschnitten. Es handelt sich bei allen Untersuchungen der Hamburger Gruppe um Gebrauchstexte, z. B. um Lehrtexte über Delikte des Strafgesetzbuches oder in einem anderen Fall wurde ein Training mit Mathematiklehrern durchgeführt.[35]
Am wichtigsten in diesem Forschungsbereich sind jedoch ohne Frage die Arbeiten von Groeben. Er versucht, nicht nur am ausführlichsten, sondern vor allem auf abgesicherter theoretischer Basis die Verständlichkeit von Unterrichtstexten zu analysieren. Groeben fragt, »welche Verständlichkeitsgrade zu optimalem Lernerfolg führen, und andererseits, welche Dimensionen des sprachlichen Lehrmaterials einen Einfluß auf das Verstehen des Lernenden besitzen«. ... er sieht »Verständlichkeit« . . . »als Verbindungsglied zwischen den Textdimensionen und den Erfolgskriterien des rezeptiven Lernstadiums«.[36]
Es geht darum, Regeln abzuleiten, die zur optimalen Gestaltung von Unterrichtstexten führen können. Gefordert wird, daß das Lernmaterial in zweifacher Weise sinnhaft ist. Einmal muß es in semantischer Hinsicht potentiell bedeutungshaltig sein, und es muß zum anderen auch vom Lernenden mit der adäquaten Lerneinstellung rezipiert werden. »An solchem sinnhaften sprachlichen Textmaterial lassen sich dann drei Dimensionen unterscheiden: Stilistik, kognitive Strukturierung und konzeptueller Konflikt.«[37]
Die Untersuchungen, die Groeben durchführte, fanden an Ober-

stufenschülern in Nordrhein-Westfalen statt. Ein komplexer Bereich aus dem Gebiet der Sozialpsychologie wurde dargeboten. Die Ergebnisse zeigen, daß »die Verständlichkeit dabei hauptsächlich vom Faktor der inhaltlichen Strukturierung beeinflußt wird, sehr viel geringer durch die stilistische Form; außerdem besteht eine Wechselwirkung zwischen der stilistischen Form und der semantischen Redundanz. Die Mischform der inhaltlichen Strukturierung nimmt den Bereich mittlerer Verständlichkeit ein, für den eine maximale Behaltensleistung festgestellt werden konnte«.[38]

Es zeigt sich, daß die stilistische Information für den Behaltensvorgang ohne großen Einfluß ist. Unter dem »zusammengefaßten Kriterium des Lernerfolges erweist sich der mittlere Verständlichkeitsgrad von Unterrichtstexten als optimal für das rezeptive Lernstadium.«[39]

Schließlich gibt Groeben Hinweise für die optimale Erstellung von Lehrtexten.

So interessant und wichtig alle diese Ansätze auch sind, so sind die Analysen trotz allem noch nicht so weit entwickelt, daß sie dem Schulpraktiker in seinem Literaturunterricht wirklich helfen können. Denn hier geht es nicht nur um das Behalten, sondern um das Verstehen eines Textes. Unter Verständnis, Verstehen etwa eines Gedichtes, einer Kurzgeschichte, eines Romans ist hier mehr als Behaltenkönnen gemeint. Es handelt sich bei *Verstehen eines fiktionalen Textes um die Fähigkeit, den vom Autor intendierten Sinn entschlüsseln zu können.* Daß dabei Sinnentnahme erleichtert wird, wenn die für das Behalten günstigen Textvoraussetzungen gegeben sind, liegt auf der Hand. Insofern sind die Ergebnisse der Verständlichkeitsforschung auch in diesem Zusammenhang von Interesse.

Es werden außerdem bis jetzt bei der Verständlichkeitsforschung meist Analysen von informativen, nicht von fiktionalen Texten vorgelegt.

Schließlich ist es im Literaturunterricht nicht möglich, einen Text nach Verständlichkeitskriterien zu erstellen, sondern die Rezipienten müssen hier auf einen vom Autor vorgegebenen Text antworten.

3. Untersuchungen an poetischen Texten

Obwohl die Rezeptions- und Verständlichkeitsforschung dem Praktiker schon einige Ergebnisse empirischer Forschung anbieten kann, beziehen sich diese, wie gesagt, vorwiegend auf expositorische Texte.[40] Zum gegenwärtigen Zeitpunkt bleiben nur wenige

Möglichkeiten, Leservariablen im Kontext mit Dichtung zu analysieren.
Der in den fünfziger und sechziger Jahren erfolgte Ruf nach einem Wandel von einer spekulativen zu einer empirischen Erziehungswissenschaft hat noch nicht allzu viele Ergebnisse vorzuweisen.
Methodologisch setzte sich der Ansatz Winnefelds, den er im Anschluß an Petersen entwickelte, in Deutschland am stärksten durch. Seine Arbeiten über »Pädagogische Tatsachenforschung«[41] haben eine überraschend fruchtbare Wirkung gehabt und geben noch heute eine gute Grundlage für die Unterrichtsbeobachtung und für die Auswertung eines Unterrichtsprozesses.
Daneben haben aber auch andere, mehr sozialwissenschaftliche und psychologische Methoden Eingang in die praktische Pädagogik gefunden, so vor allem die mündliche oder schriftliche Befragung, die Dauerbeobachtung, die Sammlung von mündlichen oder schriftlichen Aussagen, Interviews, Protokollen, Aufsätzen oder auch die Verwendung von Experiment und Test. Die Auswertung erfolgt dabei quantitativ statistisch oder/und qualitativ beschreibend.
In der Fachdidaktik Deutsch finden sich aber nur sehr verstreut empirische Arbeiten, die diese Methoden ausnutzen. Allerdings hat sich Groeben in einer neueren Veröffentlichung über »Rezeptionsforschung als empirische Literaturwissenschaft«[42] nun auch literarischen (fiktionalen) Texten zugewandt. Er versucht zum einen den Paradigmawechsel von einer hermeneutischen zu einer empirisch-kommunikationstheoretischen Literaturwissenschaft zu entwickeln; zum anderen referiert er die in diesem Bereich bereits relevanten Untersuchungen des deutschsprachigen Raumes.
Diese von Groeben besprochenen Arbeiten sind jedoch fast alle an erwachsenen Probanden (Studenten) durchgeführt worden. Sie gehen deshalb über den hier abgesteckten Rahmen, der sich auf Schule bezieht, hinaus. Nur die Untersuchung von Bauer u. a., die hier auch verwendet wird, schließt Sekundarstufe I und II mit ein.
Im folgenden sollen sieben Beispiele, die das literarische Verständnis bei Schülern verschiedener Jahrgangsstufen herausarbeiten, vorgestellt werden.
Zwei dieser Untersuchungen arbeiten mit *Unterrichtsprotokollen* im Sinne der pädagogischen Tatsachenforschung von Winnefeldt. So legte die Arbeitsgruppe Steffens/Bachmann/Chiout eine sehr detaillierte Untersuchung über das »Gedicht in der Grundschule«[43] vor, und die Autoren Frank/Riethmüller zeichneten die Unterrichtsgespräche von Sekundarstufenschülern über Erzählungen und Kurzgeschichten auf.[44] Die vorgelegten Analysen werden

durch Verlaufsprotokolle erhärtet. Hierdurch wird ein guter Einblick in die Verständnismöglichkeiten der Schüler gegeben.
Einen anderen Weg, den des *Erfahrungsberichts,* schlagen die Autoren Egger/Berg/Rutschky ein, die in einem Berliner Gymnasium ein halbes Jahr lang als Hospitanten »teilnehmende Beobachtung« übten und ihre Ergebnisse, die sich auf das Schülerverständnis für Essay, Drama und Roman im zehnten Schuljahr beziehen, vorlegten.[45]
Einen dritten Weg, den der *Befragung spontanen Verständnisses,* bieten drei Untersuchungen, die zwar schon etwas zurückliegen, aber wohl nicht überholt sind. Es handelt sich um bisher unveröffentlichte Examensarbeiten, die unter meiner Leitung angefertigt wurden. Die Autorinnen Neumann, Dwinger und Walldorf untersuchten das Verständnis für Fabeln im dritten, vierten und fünften Schuljahr[46] und das Verständnis für Kurzgeschichte[47] und Ballade im sechsten und achten Schuljahr.[48]
Schließlich sei die empirische Untersuchung von Bauer u. a. angeführt, die das Rezipientenverhalten von Sekundarstufenschülern und Studenten am Beispiel von Paul Celans »Fadensonnen« mit Hilfe *schriftlicher Befragung* herausarbeiteten.[49]
Da, wie gesagt, das empirische Material in diesem gesamten Arbeitsgebiet so überaus dürftig ist, mag es erlaubt sein, aus den oben genannten Untersuchungen einige Ergebnisse vorzulegen. Die Texte mögen als willkürlich ausgesucht erscheinen, es bleibt jedoch keine andere Wahl, als das Vorhandene zu benutzen, und es auf seine Ergiebigkeit hin abzuklopfen.
Es handelt sich also nicht um repräsentative Unterlagen, doch kann das Material wohl durchaus als beispielhaft angesehen werden.
Die folgende Tabelle 16 zeigt, welche Textsorten, welche Gegenstände, welche Autoren und welche Schuljahre (das meint hier auch Altersstufen) befragt bzw. untersucht wurden (vgl. Tab. 16, S. 55).
An Textsorten wird Prosa und Poesie befragt, als Gegenstände werden Fabeln, Kurzgeschichten, Roman, Lyrik und Ballade verwendet. Die verschiedenen Untersuchungen der Prosa fanden im dritten bis neunten Schuljahr der Grund- und Hauptschule statt, und im zehnten Schuljahr einer Gymnasiumsklasse, die Poesieuntersuchungen dagegen im vierten Schuljahr der Grundschule, im sechsten und achten Schuljahr der Sekundarstufe I wie auch in der Sekundarstufe II und im tertiären Bereich.
Es wird also das Schülerverständnis für fiktionalen Text in Prosaform vom dritten bis zum zehnten Schuljahr untersucht und ebenso das Schülerverständnis für Texte der Poesie von der Grundschule bis zur Sekundarstufe II.

Tabelle 16: Empirische Arbeiten zum literarischen Verständnis in Primar- und Sekundarstufe

Textsorte	Gegenstand/Autor	Verfasser der Untersuchung	Methode	Schulstufe	Sample n
Prosa	Fabel/Aesop	Neumann	Befragung	Primar-/Sekundarstufe 3. bis 5. Schuljahr	192
Prosa	Kurzgesch./Borchert	Dwinger	Befragung	Sekundarstufe I 6. bis 8. Schuljahr	187
Prosa	Kurzgesch./Rinser	Frank/Riethmüller	Unterrichtsgespräch	Sekundarstufe I 8./9. Schuljahr	ca. 35
Prosa	Roman/Musil	Eggert u. a.	Erfahrungsbericht	Sekundarstufe I 10. Schuljahr Gymnasium	27
Poesie	Lyrik/Krüss	Steffens	Unterrichtsgespräch, Test*	Primarstufe 4. Schuljahr	99
Poesie	Ballade/Fontane	Walldorf	Befragung	Sekundarstufe I 6. bis 8. Schuljahr	187
Poesie	Lyrik/Celan	Bauer u. a.	Test*	Sekundarstufe I, Sekundarstufe II, Tertiärstufe	ohne Angabe

* Der Begriff »Test« wird von den Autoren verwendet, obwohl es sich um keine standardisierten Prüfungen handelt.

Der Akzent der Besprechung bezieht sich weniger auf eine Analyse von Grammatik und Struktur denn auf inhaltliches und semantisches Verständnis, obwohl das eine nicht völlig ohne das andere erfolgen kann.
Wichtig ist bei diesen hier vorgelegten Arbeiten, daß *spontanes Verstehen* der Schüler erfaßt wird. Sowohl die Unterrichtsprotokolle als auch der Erfahrungsbericht ebenso wie die Befragungen beziehen sich auf Unterrichtsverläufe, die vorher nicht schulisch bearbeitet worden sind.
In einer Kontroverse zwischen Eggert und Hillmann wurde diese Frage auf dem Germanistentag in Stuttgart 1972 erörtert. Hillmann hatte eine Arbeit vorgelegt, die spontanes Verständnis eines Brechttextes in Sekundarstufe II und bei Berufsschülern aufzeigte. Der Einwand von Eggert bemängelt die unterlassene vorhergehende unterrichtliche Besprechung.[50]
Es muß aber festgestellt werden, daß empirisch vergleichbar nur Klassenergebnisse sind, die spontanes Verständnis ohne unterrichtliche Bearbeitung zeigen. Die Imponderabilien, die auch hier noch mit einfließen, unterschiedliche Begabungsstruktur einer Klasse, unterschiedliches soziales Niveau, unterschiedliche bisherige Unterrichtsarbeit u. a. sind trotzdem noch groß genug.
Eine im Deutschunterricht über lange Zeit hinweg besonders gut geführte Klasse kann sicher mehr bieten als eine solche, die etwa durch häufigen Lehrerwechsel oder andere mißliche Umstände geschädigt ist.
Bei unseren Beispielen handelt es sich um Durchschnittsklassen in bezug auf ihre Fähigkeiten. Die dargebotenen Stoffe wurden – wie gesagt – vorher nicht besprochen. Diese Spontanäußerungen bedeuten daher zugleich eine gewisse Unterforderung des Schülers. Nach der unterrichtlichen Behandlung wären die Ergebnisse ohne Frage besser ausgefallen, aber sie wären eben, wie gesagt, weniger vergleichbar gewesen.

a) Untersuchungen an Prosatexten

Das Verständnis des Schülers für Fabeln

Schülerverständnis für Texte läßt sich in Primar- und Sekundarstufe besonders gut an Materialen betrachten, denen mehr rationale denn emotionale phantasiebezogene Prozesse zugrunde liegen, so die Gattung Fabeln.
Es ist sicher kein Zufall, daß Fabel und Kurzgeschichte im Schulalltag in den letzten Jahren in so breitem Maße Eingang gefunden haben. Die Fabel basiert auf Nüchternheit und Rationalität, die

Kurzgeschichte kommt unserem Bedürfnis nach Raffung und Prägnanz entgegen.
Außerdem ist die Fabel wohl als die Dichtung anzusehen, die seit den legendären Zeiten des phrygischen Sklaven Aisopos-Aesop (angeblich 550 v. Chr.) stets gesellschaftskritische Aussagen im Auge hatte. Sie versucht soziale Zustände aufzudecken, um damit den Anstoß zur Veränderung der Verhältnisse zu geben. Auch hierdurch steht sie uns heute wieder besonders nahe.
In allen Zeiten ist sie Lehrdichtung gewesen, die in ihrem Geschehen und Schildern Verhaltensmuster des Menschen transparent machen will. In der Tierfigur der Fabel ist stets der Mensch gemeint, im Verhalten der Tiere zu- und untereinander ist menschliches Verhalten angeprangert. »Von Aesop bis Lessing erweisen sich die Fabeldichter als unbestechliche Analytiker, die die soziale Welt auseinandernehmen, um ihre Grundproblematik aufzudekken.«[51] Dabei wird diese soziale Welt eben nicht direkt, sondern verfremdet dargeboten. Es ist dem Leser oder Hörer selbst überlassen, soviel Wahrheit aus der Darstellung zu entnehmen, wie er ertragen kann.
»Zugleich hebt die Fabel die Wahrheit aus der Sphäre des ›Hasses‹ in die der Erkenntnis. Die Leidenschaft muß der Argumentation weichen.«[52]
Ähnlich wie bei der Parabel, der Anekdote oder auch der Ballade – aber eben nüchterner und rationaler – enthält der vordergründige Handlungsverlauf eine dahinterliegende verschlüsselte Botschaft, die enträtselt werden muß. Diese Doppelbödigkeit ist neben der Kürze und Prägnanz der Darstellung das eigentlich Charakteristische der Gattung.
Es kommt hinzu, daß dieses Gleichnis, das meist in einer Pointe gipfelt, nur intellektuell zu erfassen ist. Auch die Grausamkeit des Daseins wird nicht entschuldigt oder gemildert. Es sind keine archaischen Bilder gegeben, die die Phantasiekräfte anregen und emotional oder motivational bereichern, sondern Texte, die ausschließlich das Denkvermögen befragen und damit die kognitive Leistung zu steigern in der Lage sind.
Die Fabel schafft Unbehagen und stößt an. »Den Leser läßt sie in Unruhe zurück. Und dies dürfte die Absicht der Fabel sein. Sie will Unruhe erzeugen.«[53]
Es fragt sich nun allerdings, ob Fabeltexte für jüngere Schüler geeignet sind. Vom Verständnis für diese Gattung kann erst dann gesprochen werden, wenn der der Handlung zugrunde liegende Gedankengang auf die menschliche Welt übertragen wird, wenn die Doppelbödigkeit erfaßt ist. Zugleich wird vom Leser verlangt,

daß er menschliche Charaktere und menschliches Zusammenleben durchschaut. Das ist für Grundschulkinder gewiß noch schwierig. Aber gerade weil der Sinngehalt so prägnant, ohne viel Beiwerk geboten wird, ist an diesen Texten das kognitive Niveau der Schüler gut ablesbar.

Der Frage, von wann ab Schüler einfache Fabeln verstehen können, wurde in der folgenden Arbeit nachgegangen, die hier zur Veranschaulichung des Problems in Auszügen wiedergegeben werden soll.

Neumann untersuchte in einer mehr orientierenden Arbeit »Das Verständnis des Kindes für Fabeln« im dritten, vierten und fünften Schuljahr anhand der Aesopschen Fabel »Vom leichtsinnigen Anschwärzen«[54] (vgl. Textanhang Text Nr. 1, Seite 99).

Insgesamt nahmen 192 Schüler an dieser Untersuchung teil, und zwar

3. Schuljahr	52 Schüler (34 Knaben, 18 Mädchen)
4. Schuljahr	73 Schüler (38 Knaben, 35 Mädchen)
5. Schuljahr	67 Schüler (42 Knaben, 25 Mädchen)

Aus jeder Jahrgangsstufe wurden zwei Parallelklassen herangezogen. Die Untersuchung fand statt im Schuldorf Bergstraße, Landkreis Darmstadt.

Nach der Darbietung des Textes hatten die Schüler acht Fragen, von denen einige herausgegriffen werden sollen, schriftlich zu beantworten:

Frage 1: War der Wolf der Freund des Fuchses?

Frage 3: Wie rettete sich der Fuchs vor dem Zorn des Löwen?

Frage 5: Warum verschwand wohl der Fuchs am Ende so schnell im Gebüsch?

Frage 7: Wo könnte etwas Ähnliches geschehen wie in dieser Geschichte?

Frage 8: Welche Überschrift würdest Du der Geschichte geben?

Man sieht, daß die Fragen sich steigern. Sie sind unterschiedlich schwierig und sprechen verschiedene Verständnisbereiche an. Zuerst werden inhaltliche, mehr äußere Gegebenheiten erfragt. Dann aber wird auf Sinnverständnis, und hier vor allem auf die Übertragung des Gedankenganges auf den menschlichen Bereich, abgehoben. Die Befragung zielt also auf die Doppelbödigkeit des Vorgangs.

Die Ergebnisse zeigen, daß die erste Frage (War der Wolf der Freund des Fuchses?) von fast allen Schülern im dritten, vierten und fünften Schuljahr richtig verstanden wird.

Einige wenige Kinder geben eine erweiterte Begründung, die meisten aber verneinen die Frage einfach.

Frage 3: Wie rettete sich der Fuchs vor dem Zorn des Löwen?
Hier zeigt sich der Unterschied in der Qualität des Verständnisses bei einer weiteren Aufgliederung, die die Autorin vornimmt. »Zwei Antwortgruppen kristallisieren sich heraus. Die eine, die größere von beiden, ist gekennzeichnet durch eine kritiklose Wiedergabe des Textes der Fabel, die andere durch kritisches Abstandnehmen.«[55] Im ersten Fall wird von den Schülern von Arznei, Heilmittel, Medizin gesprochen, im zweiten Fall bereits von List und Lüge des Fuchses.

Während im dritten Schuljahr nur 7,7% der Schüler zum kritischen Abstandnehmen fähig sind, sind es im fünften Schuljahr fast ein Drittel (28,5%). Außerdem geben bei dieser Frage im dritten Schuljahr noch etwa ein Fünftel der Schüler (17,4%) eine sinnwidrige oder keine Antwort, während falsche Aussagen im fünften Schuljahr entfallen.

Frage 5: Warum verschwand wohl der Fuchs am Ende so schnell im Gebüsch?
Die Frage verlangt von den Schülern ein inhaltlich differenzierteres Verständnis der Fabel. Während im dritten Schuljahr etwa ein Fünftel der Schüler (23%) den Tatbestand durchschaut, bringt im 5. Schuljahr fast die Hälfte der Schüler (42,0%) zum Ausdruck, daß sie den Fuchs als Betrüger erkennen. Die Unterschiede zwischen dem vierten und fünften Schuljahr (46,5%, 42,0%) müssen wohl als unbedeutend angesehen werden.

Den eigentlichen Kern des Fabelverständnisses bildet jedoch die Frage nach der Übertragung.

Frage 7: Wo könnte etwas Ähnliches geschehen wie in dieser Geschichte?
Hier kategorisiert die Autorin die gegebenen Schülerantworten nach folgenden Gesichtspunkten:
a) Die Tiererzählung wird mit menschlichem Verhalten verglichen
b) es werden andere Fabeln, oder gar Märchen, als Beispiele genannt.

Dabei zeigt sich, daß der Vergleich mit menschlichen Eigenschaften, der ja das Kernstück jeder Fabel ist, im dritten und vierten Schuljahr noch unter 10% der Antworten liegt, (3. Schuljahr 7,7%, 4. Schuljahr 1,4%). Im vierten Schuljahr werden häufig andere Fabeln als Beispiele gegeben, während im fünften Schuljahr etwa ein Drittel (36,0%) dieser Kinder den Sachverhalt richtig erfaßt.

Im Gegensatz zur Bewältigung der inhaltlichen Wiedergabe des Textes, den die vorhergehenden Fragen, wenn auch auf verschiedenem Niveau verlangten, gelingt also die Übertragung und die Abhebung des Gedankenganges wesentlich schlechter. Erst im fünften Schuljahr wird, wir wir sahen, die Fabel (und auch hier nur zu einem Drittel der Antworten) mit der menschlichen Welt als dem Ort der Handlung verglichen.

Die Verfasserin gibt außerdem recht anschauliche Antwortbeispiele:

3. Schuljahr:

Errol: »So etwas könnte zu Hause geschehen. Die Mutter ist krank und alle kommen sie besuchen, bloß die Schwiegermutter nicht.«

4. Schuljahr:

Gerhard: »Im Gericht«

5. Schuljahr:

Ruth: »Es könnte bei einer Wahl geschehen. Wenn einer seinen Kandidaten bei den Wählern schlecht macht.«

5. Schuljahr:

Ute: »Auch bei den Menschen. Einer versucht, den andern in's Verderben zu führen und scheitert dann selber.«[56]

Frage 8: Welche Überschrift würdest Du der Geschichte geben?

Jetzt wird Sinnverständnis und Abstraktion verlangt.

Neumann bewertet die Antworten nach dem Grad an Abstraktion:

a) der Grundgedanke ist verallgemeinernd in einem Sprichwort wiedergegeben,
b) Tier- und Menscheneigenschaften werden verglichen,
c) konkrete Situationen werden geschildert.

Prägnante Wiedergabe in einem Sprichwort gelingt in allen Schuljahren nur wenigen Schülern. Auch der Vergleich mit der menschlichen Welt bedeutet, wie schon Frage 7 zeigt, offenbar für die jüngeren Kinder noch eine Überforderung (4. Schuljahr 20,5%, 5. Schuljahr 57,0%).

Beispiele aus konkreten Situationen dominieren in der dritten und vierten Jahrgangsstufe (3. Schuljahr 64,0%, 4. Schuljahr 77,0%).

Das Vermögen der Übertragung der Tiereigenschaften auf menschliche Verhaltensweisen kommt im fünften Schuljahr mit 57,0% deutlicher zum Ausdruck. Die Fähigkeit aber, die Quintessenz der Fabel in einem Sprichwort oder einem Satz auszudrücken, ist auch in dieser Jahrgangsstufe noch recht selten (4,5%).

Folgende Lösungsbeispiele mögen die Denkrichtung der Schüler verdeutlichen:

3. Schuljahr:	Manfred:	Die Geschichte vom kranken Löwen.
	Renate:	Die Tiere besuchen ihren Freund.
	Matthias:	Der Betrüger.
4. Schuljahr:	Karl:	Der schwerkranke Löwe.
	Edgard:	Der überlistete Wolf.

5. Schuljahr:

Stefan:	Der hinterlistige Fuchs.
Ute:	Wer andern eine Grube gräbt, fällt selbst hinein.
Karl:	Der Lohn für eine Untat.[57]

Zusammenfassend läßt sich von der Untersuchung Neumanns sagen, daß die hier herausgestellten fünf Fragen sich im Schwierigkeitsgrad recht gut unterscheiden. Die Aufgaben führen von einer einfachen, nur auf den Inhalt gerichteten Befragung über inhaltliche Differenzierung bis zu Fragen, die den eigentlichen Gehalt der Fabel erfassen sollen.
Es zeigt sich bei den Ergebnissen deutlich, daß die meisten Kinder in der Lage sind, dem inhaltlichen Gedankengang zu folgen, daß aber das Entschlüsselungsvermögen, um dem Text seinen eigentlichen Sinngehalt zu entnehmen, erst von den Schülern des fünften Schuljahrs – und auch da nur von etwa einem Drittel – erwartet werden kann.
Neumann stellt fest: »Mehr als die Hälfte der Kinder dieser beiden Altersstufen (4. und 5. Schuljahr) lassen durch ihre Antworten erkennen, daß sie dem auf einen Abschluß hin zielenden Gedankengang der Fabel folgen und seine einzelnen Elemente sinnvoll, d. h. nachverstehend miteinander kombinieren können. Die stufenweise Aufeinanderfolge der Teilinhalte wird von ihnen wahrgenommen und bei der Beantwortung der Fragen beachtet.«[58]
Die Übereinstimmung, die bei der Reproduktion des Inhalts im vierten und fünften Schuljahr besteht, zerfällt bei der Forderung nach der Entschlüsselung des Sinngehaltes der Fabel. Mehr Aufschluß als die Frage nach der Überschrift scheint dabei Frage 7, die die Abhebung und die Übertragung des Gedankenganges verlangt, zu bringen.
Der Gleichnischarakter des Textes wird im 5. Schuljahr in mehr als einem Drittel der Antworten zum Ausdruck gebracht. Die Eigenschaften der Tiere werden als menschliche Verhaltensweisen erkannt, die Episode, die hier geschildert ist, wird vom Hörer in ihrer Transparenz, in ihrer Doppelbödigkeit erfaßt.
Neumann faßt zusammen: »Das Verständnis und die Deutung des Inhalts setzen im dritten Schuljahr ein, im vierten Schuljahr wird eine differenzierte inhaltliche Erfassung erreicht, zu der im fünften Schuljahr eine Deutung auf höherer Stufe und in größerem Ausmaß als im dritten Schuljahr tritt.«[59]
Offen bleibt in der Untersuchung von Neumann der Ausblick auf die gesellschaftliche Funktion der Fabel. Diese Gattung ausschließ-

lich als Text des politischen Kampfes zu interpretieren wird sicher auch sinnvollerweise den Schülern der Sekundarstufen vorbehalten werden.

Das Verständnis des Schülers für die Kurzgeschichte

Die Kurzgeschichte wird, als Entsprechung zur englischen »short story«, in den letzten Jahren immer mehr in der Unterrichtsarbeit verwendet. »Die Kurzgeschichte und die moderne Lyrik sind Hervorbringungen der Moderne« formuliert Lorbe.[60] Die Kurzgeschichte kommt in ihrer verdichteten Form dem Bedürfnis nach schneller Erfassung und Überschau von Ereignissen entgegen. Die romanhafte oder auch die novellistische Erzählung, das breite Epische ist unserer Epoche fremder geworden.
Die Gattungsmerkmale dieser Form sind charakterisiert durch eine geraffte, prägnante Erzählweise. Die Kurzgeschichte ist auf Aktuelles hin eingestellt, ohne ruhige und breite Passagen, sie ist »Graphik der Prosa – verleiht der Welt sparsam und unerbittlich Kontur« sagt Piontek.[61] Anfang und Ende der Erzählung sind offen, d. h. der Leser muß auf Vorhergehendes und Folgendes schließen. Die Spannung wird nicht aufgelöst, sondern zwingt zum eigenen Weiterdenken. Die Kurzgeschichte ist außerdem ohne moralischen Anspruch, sie schildert Begebenheiten in ihrer Alltäglichkeit, oft auch mit Hilfe von Umgangssprache oder Lokalsprache. Das bewußt Triviale wird als Mittel eingesetzt, wird hintergründiges Symbol. Eine einzige schicksalhafte Situation steht im Mittelpunkt. Einzelgegenstände, Einzelworte, häufig grell ausgeleuchtete Darstellung der Örtlichkeit bieten den Rahmen.
»Vergleicht man die Novelle in bezug auf den Roman mit einem einzigen, das Geschehen prägnant ausleuchtenden Lichtstrahl, so läßt sich die Kurzgeschichte verstehen als ein Brennpunkt, der nur eine einzige, oft geradezu banale und alltägliche Situation aus dem Strom des Geschehens grell heraushebt, um ihre verborgene Bedeutsamkeit offenbar zu machen.«[62]
Zur Diskussion steht also auch hier: Wieweit kann der Schüler der Sekundarstufe I einen solchen gerafften, und damit doch sehr verschlüsselten Text verstehen, wieweit vermag er Inhalt und Bedeutung zu decodieren?
Dieser Frage ging Dwinger nach. Sie untersuchte das Verständnis für Wolfgang Borcherts Kurzgeschichte »Nachts schlafen die Ratten doch« im sechsten und achten Schuljahr einer Darmstädter Volksschule[63] (vgl. Textanhang Text Nr. 2, Seite 100).

Es wurden jeweils drei Parallelklassen zu dem Versuch herangezogen. Es nahmen 187 Schüler an dieser Untersuchung teil, und zwar:

6. Schuljahr 88 Schüler (49 Knaben, 39 Mädchen)
8. Schuljahr 99 Schüler (51 Knaben, 48 Mädchen)

Die Verfasserin bot den Text zweimal mündlich dar und ließ im Anschluß daran acht vorgegebene Fragen von den Schülern schriftlich beantworten.

Es sollen hier nur einige Fragen und ihre Ergebnisse herausgegriffen werden.

Frage 1: Wo spielt die Geschichte?

Die Antworten wurden unterschieden

a) nach Nennung des Ortes,
b) nach Nennung der Zeit,
c) nach Nennung von Ort und Zeit.

Die meisten Schüler erfassen im sechsten Schuljahr den Ort der Handlung in richtiger Weise (70,5%). Im achten Schuljahr schildern etwa ein Fünftel der Schüler Ort und Zeit (22,2%).

Lösungsbeispiele:

6. Schuljahr, Knabe: »In einem zerstörten Haus, unter Schutt und Trümmern.«

8. Schuljahr, Knabe: »Nach einem Bombenangriff in einer zerbombten Stadt.«[64]

Man sieht, die Antworten im achten Schuljahr sind schon detaillierter.

Frage 3: Warum hält sich der Junge an diesem Ort auf?

Es werden zwei Antwortkategorien herausgearbeitet:

a) Antworten, die als Grund den kleinen verschütteten Bruder angeben;
b) Antworten, die berücksichtigen, daß er den kleinen Bruder vor den Ratten schützen will.

Über die Hälfte der Schüler beider Altersstufen verstehen den situativen Hintergrund der Erzählung (Anstieg der richtigen Antworten von 61,3% auf 78,7% vom 6. zum 8. Schuljahr).

Lösungsbeispiele:

6. Schuljahr, Mädchen: »Der Junge hatte noch einen Bruder und der liegt da unten. Der Junge paßt auf, daß die Ratten nicht dahinkommen, wo sein Bruder liegt.«

8. Schuljahr, Knabe: »Sein vierjähriger Bruder lag unter den Trümmern eines einmal von ihm und seinen Eltern bewohnten Hauses. Er wacht, um die Ratten vom Körper seines Bruders fernzuhalten.«[65]

Frage 4: Was will der Alte in seiner Unterhaltung mit dem Jungen erreichen?

Die Antworten werden untergliedert nach:
a) Antworten, die die Neugierde des alten Mannes beinhalten,
b) Antworten, aus denen die positive Absicht spricht, Jürgen in irgendeiner Weise zu helfen,
c) Absichten, die eine negative Absicht des Mannes enthalten, nämlich, daß er Jürgen entführen will.

In beiden Schuljahren wird von mindestens der Hälfte der Kinder verstanden (52,3%, 71,7%), daß der alte Mann dem Jungen helfen will. Interessant ist aber, daß fast ein Drittel der Schüler des sechsten Schuljahres (27,9%) in der Neugier des Mannes das entscheidende Motiv sieht. Mit anderen Worten, die Hälfte der Kinder im sechsten Schuljahr können der Erzählung spontan – ohne unterrichtliche Hilfen – den eigentlichen Sinngehalt noch nicht entnehmen.

Lösungsbeispiele:

6. Schuljahr, Knabe: »Er will erreichen, daß Jürgen von seinem Bruder weggeht, und er ihn zu seinen Eltern zurückbringt . . .«

8. Schuljahr, Knabe: »Er will, daß der Junge nicht Tag und Nacht aufpaßt, daß er nach Hause geht, um zu schlafen, deshalb sagt er ja auch nur, daß Ratten nachts schlafen . . .«[66]

Frage 7: Meinst Du die Geschichte müßte noch weitergehen, wenn ja, was könnte jetzt noch geschehen?

Auch hier werden zwei Antwortgruppen gebildet:
a) Antworten, die die Frage bejahen und die Geschichte weiterschildern,
b) Antworten, die die Frage mit oder ohne Begründung verneinen.

Die Schüler des sechsten Schuljahres denken offensichtlich stärker handlungsgebunden. 72,7% meinen, die Geschichte müßte fortgeführt werden. Dagegen zeigt ein Drittel der Schüler des achten Schuljahres (34,6%) ein Empfinden für die offene Struktur der Kurzgeschichte. Sie akzeptieren den gegebenen Schluß auch als das Ende der Erzählung.

Lösungsbeispiele:

6. Schuljahr, Knabe: »Der Junge müßte von dem Alten mit heimgenommen werden und ein Kaninchen erhalten, das ihn über den Verlust des kleinen Bruders hinwegtröstet.«

8. Schuljahr, Mädchen: »Ich finde, wenn die Geschichte so bleibt, muß man über sie nachdenken, was weiter geschehen würde. Wenn sie weitergehen würde, dann würde man denken, na ja, es ist ja alles gut gegangen und vergißt die Geschichte wieder.«[67]

Die Altersstufenveränderung ist am Beispiel dieses Textes nicht so sichtbar abzulesen, wie am Beispiel der Aesopschen Fabel. Das mag einmal im Text seine Ursache haben, zum anderen aber ist der

Entwicklungsschritt vom dritten zum fünften Schuljahr größer als der vom sechsten zum achten Schuljahr. Die recht reichhaltig zitierten Schülerantworten vermitteln daher auch ein eindrucksvolleres Bild von der Rezeptionslage der Schüler, als es die Quantifizierung sichtbar machen kann. Diese Antworten weisen darauf hin, daß im sechsten Schuljahr noch immer stärker vom Konkreten ausgegangen wird; die situativen Momente des Raumes werden breiter geschildert als die der Zeit, und das äußere Geschehen dominiert.

Die inhaltliche Richtigkeit der Erzählung wird von etwa 60% der Schüler im sechsten Schuljahr und von etwa 80% der Schüler im achten Schuljahr verstanden. Der transparente Sinngehalt der Geschichte – Entschlüsselung der Haltung des alten Mannes – wird von den Vierzehnjährigen zu zwei Drittel, von den Zwölfjährigen nur etwa von der Hälfte der Schüler entnommen. Hier spielen Neugier des Mannes oder gar Entführungsabsichten noch eine Rolle.

Stärker noch als die Befragungsergebnisse zeigt die sprachliche Ausdrucksfähigkeit der Schüler den Entwicklungsschritt vom sechsten zum achten Schuljahr an. Der Wortschatz erweitert sich in seelisch-geistige Bereiche hinein, Gattungsbegriffe treten häufiger auf, abstrakte Ausdrücke nehmen ebenso zu wie differenziertere und längere syntaktische Formen. Neben der Zunahme des kognitiven Verständnisses läßt sich an diesen Schülerantworten zu diesem Text aber auch starke emotionale Beteiligung nachweisen.

Zu bedenken ist wiederum, daß die Antworten schriftlich, ohne vorausgehende unterrichtliche Bearbeitung gegeben wurden. Es liegen diese Ergebnisse daher an der unteren Schwelle des Leistungsvermögens, das durch Besprechung ohne Frage erhöht werden kann. Für viele Schüler bedeutet außerdem der Zwang zur schriftlichen Fixierung leicht eine Barriere, die im offenen Unterrichtsgespräch, wie es der folgende Beitrag zeigt, nicht vorhanden ist.

Ein weiteres Beispiel für die Textarbeit an einer Kurzgeschichte bei Sekundarstufenschülern geben Frank und Riethmüller in ihrer Arbeit »Deutschstunden in der Sekundarstufe.«[68]

Sie boten Luise Rinsers Text »Die Rote Katze« im 8./9. Schuljahr einer Heidelberger Hauptschule mündlich dar und zeichneten das Unterrichtsgespräch darüber auf (vgl. Textanhang Text Nr. 3 Seite 102). Die Autoren erwarten, daß die Schüler sich in die seelische Situation des altersgleichen fiktiven Erzählers der Kurzgeschichte hineindenken können.

Die Lehreranstöße sind äußerst sparsam, so daß man wohl auch hier von spontanem Verständnis sprechen kann.
Das mit Unterrichtsmitschau aufgenommene Gespräch sei hier nur wenig gekürzt wiedergegeben:
Unterrichtsprotokoll 1
Kurze Information des Lehrers über die Verhältnisse in Deutschland nach dem 2. Weltkrieg über die trostlose wirtschaftliche Situation und vor allem über die katastrophale Ernährungslage (Rationierung der Lebensmittel, Schlangestehen, Tauschhandel usf.).

Darbietung des Textes

1 S: Ich glaube, der Dreizehnjährige hat recht gehandelt.
2 S: Ich hätte es auch so gemacht; wenn ich hungern müßte, und die Katze, die ist rund und fett, da hätte ich auch die Wut gekriegt.
3 S: Aber dann hat's den Dreizehnjährigen doch gereut, hinterher!
4 S: Ich hätte die Katze auch umgebracht, ich hätte sie aber nicht so qualvoll sterben lassen, ich hätte sie richtig in den Fluß reingeworfen.
(Einwand, daß Katzen schwimmen können.)
5 S: Die Katze mußte weg, das ist klar; aber es ist doch grausam, daß er sie so kaputtgemacht hat.
6 S: Was Du sagst, stimmt nicht ganz; er wollte sie gar nicht grausam sterben lassen, er hat ihr zugeredet, aber sie ist nicht gegangen, und dann hat er so lange gemacht, sie so lange wohin gehauen, bis sie tot war.
7 S: Er wollte sie gar nicht quälen, er hat an die Familie gedacht, er wollte einfach das Tier wegschaffen.
8 S: Der Junge hat ja auch Kohlen geklaut und für das Essen gesorgt, er hat immer an die Familie gedacht.
9 L: (nach einer kleinen Pause)
Ihr habt vieles richtig gesagt, aber Ihr denkt fast nur an den Schluß der Geschichte. Wie hat sich der Junge der Katze gegenüber vorher verhalten? Wir wollen bei der Antwort uns auch genau an den Text halten.
10 S: Er hat der Katze zu fressen gegeben, obgleich er sie nicht gemocht hat.
11 S: Am Anfang, da wo sie im Garten sitzt, da steht: »Da hat es mir leid getan, daß ich nach ihr geworfen hab, und ich hab sie gelockt.«
12 S: Und nachher, da steht: »Den letzten Bissen, das war noch ein großes Stück, den hab' ich ihr hingeworfen und bin ganz zornig fortgegangen.«
13 S: Am Anfang, da ist er innerlich immer in Wut geraten, und dann wirft er sie hinaus, und dann hat er doch wieder Mitleid mit ihr.
14 S: Er gibt ihr zu fressen, und dann geht er zornig weg.
15 S: Als er das Weißbrot geschenkt bekommt, da steht: »Da hab ich ihr voll Zorn einen Brocken von dem amerikanischen Weißbrot hingeworfen. Nachher hat's mich gereut.«

16 S: Als er das Holzscheit geworfen hat und die Katze ist nicht mehr gekommen, da hat er selber angefangen, in allen Winkeln nach dem Vieh zu suchen.
17 S: Und als er die Katze umgebracht hat, da hat er hinterher doch Mitleid mit ihr gehabt.
18 S: Er hat aber nicht nur Mitleid mit der Katze gehabt, sondern auch mit der Familie.
19 S: Das sind zwei Dinge: er hat die Katze nicht sterben lassen wollen; er hat aber auch an die Familie gedacht, und dann hat er eben die Katze doch auch getötet.
20 S: Wenn er zornig auf die Katze war, dann hat er zuerst immer an die Familie gedacht.
21 S: Er hat auch an seine Mutter gedacht, weil die die Katze gemocht hat.
22 S: Aber die Mutter sollte eben mehr an die Kinder denken, nicht nur an die Katze.
23 S: Die Mutter hat immer nur der Katze geholfen, deshalb war er so wütend auf die Katze und hat ihr ein Scheit nachgeworfen.
24 L: War der Junge ein Tierquäler? Können wir das vom Text her belegen?
25 S: Ein Tierquäler nicht direkt; er hat an die Familie gedacht, er wollte das Tier nicht quälen.
26 S: Er konnte es nicht mehr mit ansehen, daß die Katze fett wird wie ein Spanferkel.
27 S: Die Mutter trinkt sogar den Kaffee schwarz.
28 S: Hätten sie etwas zu essen gehabt, hätte er das Tier nicht gequält.
29 S: Aber trotz allem ist es Tierquälerei, dem Tier gegenüber.
30 L: Was meint Ihr dazu?
31 S: Hör, Lorenz, wenn Du der Junge wärst, Du hättest genauso gehandelt.
32 S: Denk dran, wenn Du so elend wärst, und die Katze kommt und tut, als wenn sie zur Familie gehörte, Du würdest Dich auch ärgern.
33 S: Aber ich hätte die Katze nicht kaputtgemacht, ich hätte sie weggetragen, sie wäre nicht mehr gekommen.
34 S: Katzen sind treu; da war im Fernsehen ein Stück, da ist die Katze viele Kilometer weit gelaufen!
35 L: Woran sehen wir im Text, daß es nicht einfach ist, die Katze abzuschütteln?
36 S: Er hat sie zum Fenster hinausgeschmissen, aber sie ist wiedergekommen.
37 S: Nach dem Scheit . . . da war die Katze wieder da; sie kam nach drei Tagen zurück.
38 L: Aber zurück zu unserer Frage: war der Junge ein Tierquäler?
39 S: Ja, ich meine, er war einer.
40 S: Soviel ich erkenne, hat er gar nicht viel darüber nachgedacht, warum; er hat auf einmal das Vieh an einen Baumstamm geschlagen.
41 S: Der Grund ist auch gar nicht wichtig; es war Tierquälerei.

42 S: Was verstehst Du eigentlich unter Tierquälerei?
43 S: Wenn man es gern tut, wenn man mit Absicht ein Tier hinmacht.
44 S: Aber er hat es ja gar nicht mit Absicht getan, er hat der Katze gut zugeredet: »ich kann das nicht mehr sehen« und so, und dann hat alles nichts geholfen, und dann hat ihn halt der Zorn gepackt.
45 S: Deshalb war er doch ein Tierquäler, er hat sie umgebracht auf grausame Weise; eine Katze darf doch auch leben.
46 L: Das scheint mir ganz richtig; was möchtest Du der Katze wie dem Menschen zugestanden wissen, worauf hat die Katze auch ein Recht?
47 S: Jedes Tier hat ein Recht auf Leben, wie die Menschen auch, keiner darf es mißhandeln.
48 S: Wie ist das mit den Mücken?
49 S: Es gibt zwei Sorten: Tiere unter Naturschutz und solche, die nicht . . .
50 S: Auch Mücken haben ein Recht zu leben, solange sie nicht stören; wenn man schlafen will und sie stören, da darf man sie verjagen und kaputtmachen.
51 S: Würde man jetzt die Katze mit einem Menschen vergleichen, wäre ein Mensch da und nicht die Katze, kann man ihn auch nicht gleich töten.
52 S: Eigentlich hat der Junge auch ein Recht, daß er was zu essen kriegt – wir haben gesagt, auch der Mensch hat ein Recht auf Leben . . . und der Junge hatte Hunger.
53 L: So haben wir also hier zwei Seiten von Recht vor uns?
54 S: Beide Antworten sind richtig; jeder hatte ein Recht, die Katze ein Recht auf Leben, aber auch der Junge hat ein Recht auf Leben, die Katze trinkt Milch weg.
55 S: Aber die Katze hat nichts weggenommen; die Kinder haben es ihr gegeben, sie hat nichts gestohlen.
56 S: Die Katze hat doch den Fisch gestohlen.
57 S: Aber wenn die Schwester beim Bäcker Brot stiehlt, kann der sie doch auch nicht umbringen . . . also, das ist schwer zu sagen.
58 L: Du meinst, das sei eine schwierige Sache mit dem Recht. Was sagt denn der Junge selbst dazu? Wie steht er selber zu seiner Entscheidung; ist ihm wohl zumute?
59 S: Es ist ihm nicht so wohl.
60 S: Es kommen ihm Zweifel, am Schluß, da heißt es: »Eigentlich frißt doch so ein Tier nicht viel.«
67 S: Am Anfang wirft er einen Stein, dann lockt er sie wieder.
62 S: Man merkt, so wie er das erzählt – er spricht so viel –, daß ihm nicht wohl ist.
63 S: Er hat am Schluß ein schlechtes Gewissen gehabt, deshalb geht er nicht heim.
64 S: Mir ist nicht klar, warum die Mutter ihn nicht ausgeschimpft hat.
65 S: Ich meine, sie hat den Jungen verstehen können.
66 S: Aber die Geschwister, haben die der Mutter nicht leid getan?
67 S: Du mußt verstehen, die Mutter hat sich jetzt einfach in die Situation des Jungen versetzt.

68 S: Hätte die Mutter geschimpft, wäre auch nichts besser geworden.
69 S: Sie hätten dann immer an die Katze denken müssen; vielleicht hat die Mutter die Kinder angeschwindelt, was mit der Katze los ist.
70 L: Kann sein. Aber wir wollen zur Frage zurückkehren: wie steht der Junge zur Tat?
71 S: Er denkt immer wieder an die Katze.
72 S: Gleich am Anfang steht: »Ich weiß nicht, ob das richtig war, was ich getan hab.«
73 L: Hätte der Junge eigentlich eine andere Entscheidung treffen können, so daß niemand geschädigt war?
74 S: Die Mutter hätte die Katze verbieten sollen.
75 S: Dann hätte die Katze nichts zu fressen gehabt.
76 S: Man hätte das Essen so verteilen können, daß auch die Katze noch was hat.
77 L: Ob das möglich war, können wir heute uns schwer vorstellen. Die Portionen waren ganz klein – z. B. ein Achtel Butter pro Person in einer Woche.
78 S: Das beste war, die Mutter hätte die Katze verbieten sollen, auch wenn sie sie gern gehabt hat.
79 L: Was meint Ihr zu dem Vorschlag? Wäre die Geschichte dann anders ausgegangen?
80 S: Die Kinder hätten die Katze heimlich gefüttert.
81 S: Hätte die Mutter die Katze verjagt, das hätte den Kindern weh getan.
82 L: Diese Möglichkeit ist auch nicht so gut; wir wollen uns weiter überlegen, ob der Junge sich hätte so entscheiden können, daß er kein schlechtes Gewissen hätte haben müssen.
(Ein Vorschlag, sie morgens beim Anstellen um Gemüse mitzunehmen und sie dort zu füttern, wird verworfen.)
83 S: Er hätte die Familie fragen müssen, sie hätten gemeinsam überlegen müssen.
84 L: Du meinst, er hätte die Verantwortung abwälzen sollen; aber die Entscheidung bliebe doch die gleiche.
85 S: Es wäre für ihn das beste gewesen, er hätte die Katze halt behalten.
86 S: Er müßte sich dann keine Vorwürfe machen.
87 L: Und was wäre dann die Folge gewesen?
88 S: Er hätte trotzdem seinen Zorn behalten auf die Katze.
89 S: Die Katze hätte der Familie ihre Sachen weggefressen.
90 S: Es wäre das gleiche geblieben; die Katze frißt viel weg.
91 S: Ich glaube, daß in der Zeit es gar keine andere Möglichkeit gab, die Katze wegzuschaffen, auch wenn es nicht recht war.
92 S: Es war nicht recht, aber es gab keine andere Wahl.
93 S: Er hat recht gehandelt, er hat alle Möglichkeiten vorher versucht, zum Schluß gab's keinen Ausweg mehr.
94 S: Konnte er die Katze vielleicht nur nicht leiden, weil sie rot war . . . oder war's, weil sie so viel gefressen hat.
95 L: Was meint Ihr?
96 S: Jeder hat der Katze was zu fressen gegeben.

97 S: Die Farbe hat keine Rolle gespielt.
98 S: Er wollte eben die Familie schützen.
99 L: Wir fassen zusammen: Wie sah es mit den Möglichkeiten des Jungen also aus? Faßt noch einmal Für und Wider zusammen!
100 S: Für ihn gab es verschiedene Möglichkeiten; er versuchte es zuerst anders; als es nicht gelingt, bringt er die Katze um.
101 S: Zuerst wollte er die Katze leben lassen, aber dann ging es nicht mehr. Dann hat er sie umgebracht.
102 L: Ist damit der Fall für ihn erledigt?
103 S: Nein! Die Katze ist tot; aber er macht sich Vorwürfe, es kommen ihm Zweifel.
104 S: Gleich am Anfang steht es: »Ich weiß nicht, ob das richtig war, was ich getan hab.«
105 S: Jetzt hinterher fängt es erst an, daß er sich Vorwürfe macht.
106 S: Er hatte keinen Ausweg mehr, tat es, ohne zu überlegen, der dachte boß daran: die Katze muß weg.
107 S: Warum hat er die Katze nicht einfach auf eine Eisscholle gesetzt?
108 L: Wäre das eine echte Lösung gewesen? Hätte das etwas an der Sachlage geändert?
109 S: Nein, die Geschwister hätten geweint.
110 S: Der Junge hätte trotzdem ein schlechtes Gewissen gehabt.
111 L: Wir sehen also: so oder so steht der Junge in einem Gewissenskonflikt!

Die vordergründige inhaltliche Richtigkeit kann wohl anhand des Unterrichtsgesprächs als von den Schülern verstanden angesehen werden. Die durch den Inhalt gegebene Spannung, der Entscheidungskonflikt des Jungen, wird aufgegriffen und diskutiert. Man sieht, daß der Lehrer, besonders am Anfang kaum eingreift. Es wird nur wenig geführt. Das Unterrichtsgespräch kann als spontan verlaufend bezeichnet werden. Das Schülergespräch ist gut aufeinander bezogen und gleitet nur selten in assoziative Wiederholung ab.
Die hier vorgelegte Kurzgeschichte scheint stark emotional und vor allem motivational zu wirken. Der miterlebende Leser oder Hörer schlüpft unvermittelt in die Rolle des dargestellten Dreizehnjährigen, sicher stärker noch als es in Borcherts Text der Fall war, und sucht mit ihm nach einer Lösung. Der einmal gesetzte Antrieb bleibt am Ende als ungeschlossene Figur stehen. Diese zwingt damit den Rezipienten zum weiteren Suchen. Unruhe treibt ihn an. Der Entscheidungskonflikt des Erzählers wird hin und her gewendet, ohne daß es zur Schließung der Figur kommen kann, die ja auch im Text nicht vorgegeben ist.
Die Offenheit, Charakteristikum der Gattung Kurzgeschichte, kommt hier besonders gut zum Ausdruck.
Die, wie gesagt, spärlich gesetzten Lehreranstöße treiben denn

auch immer wieder in Richtung des Gewissenskonfliktes: ». . . aber wir wollen zur Frage zurückkehren: Wie steht der Junge zur Tat?«[70] Die moralische Gewichtung des Geschehenen steht im Mittelpunkt des vom Lehrer Intendierten.
Wenig angesprochen, vielleicht vom Lehrer auch ohne besondere Bedeutung gelassen, wird die dahinterliegende pubertäre – sexuelle – Gestautheit des Erzählers. Ein Schüler sagt: »Konnte er die Katze vielleicht nur nicht leiden, weil sie rot war?«[71] Dieser Aspekt wird nicht aufgegriffen, ebensowenig die über der ganzen Erzählung liegende Spannung von Zärtlichkeitssehnsucht und Verzweiflung, von Verlassenheit und Aggression. Daß der Junge sich selbst durch Fortlaufen in seiner blinden Wut, in seinen Affektausbrüchen hilft, wird vom Lehrer nicht thematisiert und spontan von den Schülern nicht beachtet, wohl weil die Distanz zur eigenen inneren Situation nicht groß genug ist und eigenes ähnliches Erleben durch Verdrängung nicht verbalisiert werden kann.
Äußerungen jedoch wie: »Er hat Mitleid gehabt, . . . er hat ein schlechtes Gewissen gehabt . . . ich bin auch so zornig . . .« zeigen zwar, daß emotionales Nach- und Miterleben möglich ist. Diese Äußerungen stehen jedoch vereinzelt und bleiben ein wenig an der Oberfläche. Ursachen für seelische Zustände, psychologische Reflexionen werden kaum angegeben. Das Gegenübertreten zur eigenen psychischen Situation ist im Ansatz erlebbar, aber ohne unterrichtliche Hilfe kaum benennbar.
So wird die Ambivalenz des Verhaltens in bezug auf den inhaltlich faßbaren Gewissenskonflikt, der noch dazu vom Lehrer immer wieder angestoßen wird, also unterrichtlich bearbeitet ist, wohl als Sinngehalt der Erzählung entnommen, die pubertäre Ambivalenz, die der Geschichte eine gewisse Doppelbödigkeit verleiht, wird von den Schülern spontan, ohne Lehrerhilfe, nicht gefunden.
Das zentrale Thema jedoch: Der Mensch im nicht auflösbaren Entscheidungskonflikt wird von den Schülern – vielleicht nicht voll in kognitiver – aber doch in emotionaler Hinsicht erfaßt.
Schließlich soll nicht unerwähnt bleiben, daß die Autoren im Anschluß an das vorgelegte Unterrichtsprotokoll eine formale Analyse des Textes durchführten, die aber aus technischen Gründen nicht aufgenommen wurde. Das Leistungsvermögen dieser Klasse ist also in dieser Hinsicht nicht zu beurteilen. Die Autoren teilen außerdem mit, daß mehr als zwei Drittel der Schüler am Unterrichtsgespräch beteiligt waren.
Es ist außerdem schade, daß die gleiche Untersuchung nicht auch in einem zehnten Schuljahr durchgeführt wurde, so daß ein Altersstufenvergleich möglich gewesen wäre.

Das Verständnis des Schülers für den Roman

Wesentlich komplexer als Fabel und Kurzgeschichte ist die Gattung Roman. Seit dem 17. Jahrhundert ist sie die epische Großform schlechthin und ist auch heute noch die am meisten verbreitete literarische Prosaform.

Im Gegensatz zur Novelle und erst recht zur Kurzgeschichte bringt sie einen weitausgespannten Zusammenhang zur Darstellung. Der Roman steht in dieser Hinsicht dem Epos nahe, unterscheidet sich jedoch inhaltlich. Während das Epos »ein breites Totalbild der Welt, der Zeit und der Gesellschaft in bunter Handlungsfülle, doch ohne kausal geschlossenen Geschehensaufbau entfaltet«[72] steht im Roman eine Einzelpersönlichkeit oder eine Gruppe von Personen im Mittelpunkt, die zwar in Abhängigkeit von einem historischen Hintergrund lebt, deren individuelles Schicksal jedoch Thema der Erzählung ist.

Nicht das besondere Ereignis oder die Chronik beherrschen den Roman, sondern der besondere, häufig sogar der seltsame Mensch mit seinen Verwirrungen, Zwiespältigkeiten, seiner seelischen Problematik. Entscheidungsfragen des Daseins und der Kampf zwischen Ideal und Wirklichkeit durchziehen die Darstellung. Innere und nicht äußere Entwicklungen des oder der »Helden« bilden das Zentrum des Geschehens.

Nach den großen Entwicklungs- und Bildungsromanen des vorigen Jahrhunderts ist der moderne Roman, zu dem Musils Törleß zu rechnen ist, mehr dadurch gekennzeichnet, daß die äußere Milieuschilderung zugunsten der Kennzeichnung seelischer Zustände, die verwickelt und differenziert sind, zurücktritt.

So ist nun auch hier zu fragen, wie sieht das Schülerverständnis für einen solchen erweiterten Text aus, der in die Vielschichtigkeit psychischer Zustände hineinführt, und wie kann solches Verstehen beobachtet werden?

Während man das inhaltliche Begreifen und auch die hintergründige Aussage einer Fabel vielleicht noch durch Befragung erfassen kann, wird diese Methode beim erweiterten Text immer problematischer. So liegt es sicher schon an der Struktur der Kurzgeschichte, daß in den vorliegenden Untersuchungen die Ergebnisse nicht voll befriedigend sind. Vor allem handelt es sich hier ja um Möglichkeiten und Grenzen spontanen Verständnisses, ohne unterrichtliche Hilfen. Eine Lernzielkontrolle würde in ähnlicher Weise nach der Besprechung der Texte einsetzen können.

Fast unmöglich ist es daher – und das mag der Grund dafür sein, daß die dringend notwendigen Untersuchungen in diesem Bereich

fast völlig fehlen – das Verständnis von älteren Schülern in der Sekundarstufe I und II bei differenzierteren Texten, etwa Romanen, Dramen, Hörspielen u.ä. zu analysieren.
Als Abschluß dieser Besprechungen, die sich auf Prosatexte beziehen, sei deshalb ein Erfahrungsbericht über die Behandlung von Robert Musils Roman »Die Verwirrungen des Zöglings Törleß«[73] gestellt.
Auf dem Wege teilnehmender Beobachtung versuchten die Autoren Eggert/Berg/Rutschky[74] Einblick in die Verständnismöglichkeiten einer zehnten Klasse eines Berliner Gymnasiums zu gewinnen. Der Klasse gehörten 27 Schülerinnen und Schüler im Alter von 16/17 Jahren an. Die Autoren nahmen im Winter 1973/74 etwa ein halbes Jahr lang an den Stunden des Deutschunterrichtes als Hospitanten teil. Die ausgewählten Texte wurden ebenso wie das didaktische Vorgehen mit der Deutschlehrerin vereinbart. In ihren eigenen Hospitationsprotokollen wie auch in Unterrichtsprotokollen und Hausaufsätzen der Schüler wurden die Ergebnisse fixiert. Gegenseitige Abklärung und Diskussion über die richtige Interpretation des Geschehens ergänzten den Verlauf.
Einzelgespräche mit mehreren Schülern einige Monate nach dem Versuch bestätigten oder korrigierten ihre Ergebnisse.
Die Verfasser fühlen sich offenbar recht adäquat in die Situation ein und geben – wenn auch nur beispielhaft für diese eine Klasse – einen guten Einblick in die Möglichkeiten und Grenzen der Schülerrezeption. Der Verlauf des Unterrichts kommt, obwohl nicht kontinuierlich dargestellt, sehr lebendig zum Ausdruck.
Die Autoren suchten bewußt einen Text aus, der Probleme behandelt, die 16/17jährige Schüler im allgemeinen selbst haben, ohne daß sie im Rahmen der Schule zum Ausdruck kommen müssen. »Ein solcher Roman wäre Angebot und Angriff zugleich.«[75] Eggert u.a. meinen, »daß Erfahrungen der Pubertät mit Intellekt, Gefühl, Sexualität – Verwirrungen, wie sie der Titel annonciert – den Kern des Romans bilden.«[76]
»Wie würden sich die Schüler zu diesem Text stellen, vor allem zu seinen heiklen Themen, den homoerotischen und sadomasochistischen Beziehungen? Würden auch sie nur die philosophischen Spekulationen herauslesen? Würden sie das Geschehen historisieren, um es nicht aktualisieren zu müssen? Würden sie überhaupt darüber reden wollen, oder müßte jede Äußerung erpreßt werden? Wir waren jedenfalls zu einem eventuellen Abbruch der Besprechung bereit.«[77]
Der Text wurde schrittweise zum häuslichen Lesen und Vorberei-

ten aufgegeben. Allgemeine Leitfragen eröffneten dann das Unterrichtsgespräch. So z. B. die Fragen: »Welches Verhältnis hat Törleß zu seinen Eltern? Wie schätzt er seine gegenwärtige Situation ein?«[78]

»Törleß ›Unselbständigkeit‹ und wer daran schuld sei: Damit war das entscheidende Thema angeschlagen . . . Michael hatte gemeint, nicht Unselbständigkeit sei eigentlich das Thema des Romans sondern die Entwicklung zur Selbständigkeit. ›Entwicklung zur Festigung hin‹ . . . heute komme es ja kaum zu einem abrupten Bruch zwischen Kind und Eltern, dagegen gerate Törleß aus einem konfliktlosen Elternhaus in das konfliktreiche Konvikt . . . Mit der Formel ›konfliktreiche Entwicklung zur Selbständigkeit‹ hatten die Schüler ihre Leitfrage gefunden, unter der sie den Roman inhaltlich fassen konnten. Dies war bis zur letzten Stunde ihr Interpretationsschema.«[79]

Dagegen versuchte die Lehrerin das Problem der Homosexualität zu thematisieren. Die meisten Schüler diskutierten mit Hilfe von Musil-Zitaten, ohne sich selbst der Interpretation zu stellen. »Patricia verknüpfte Törleß' Aussage über seinen Wartezustand mit einer Stelle, die ihr in der ersten Stunde aufgefallen war. Dort sind Törleß Sexualphantasien (auf dem Rückweg vom Bahnhof) beschrieben. Michael und Konstanze, deutliche Wortführer auch in dieser Stunde verharren jedoch auf ihrer allgemeinen Ebene: Törleß warte auf eine Änderung seines äußeren Zustandes, seines psychischen Zustandes, er bleibe passiv.«[80]

Es zeigt sich im ganzen, daß in dieser koedukativen Klasse von den Schülern das Problem Homosexualität nicht aufgegriffen wird. »Es wäre falsch, das Zögern der Schüler als ›einfache‹ Abwehr zu deuten . . . Daß es sich um Sexualität handelt, das können sie nicht erkennen, dafür fehlen ihnen die Worte.«[81]

Im weiteren wird an die Begegnung von Törleß mit der Prostituierten Bŏzena herangeführt. »Die Unbefangenheit, mit der die Schüler hier über Sexualität sprachen, ist zunächst verwunderlich; es gelang ihnen sogar, die äußerst schwierige Verknüpfung zwischen Törleß' Bild von seiner Mutter und dem der Bŏzena einigermaßen wahrzunehmen.«[82]

»Ramona vermutete: ›Das ist wieder etwas Neues. Bisher hat ihn niemand verachtet, und jetzt wird er plötzlich schlecht behandelt.‹ Michael meinte, ›Erniedrigung reize Törleß‹ . . .[82] Törleß' Bild von seiner Mutter sei schockartig zerstört worden, er habe noch kein neues gefunden, und das habe dunkle Nachwirkungen.«[83]

»Die Lösung der Schüler lautet: Törleß ist einfach unerfahren in der Liebe. Konstanze sprach es aus: Er denke nach ›über Liebe und

so‹, sei aber noch nicht so weit, die Verbindung dieser beiden Welten zu sehen.«[84]
Zur Bestätigung werden Musil-Zitate gegeben, in denen die Leidenschaft als Irrtum, als Enttäuschung gesehen wird.
»Diese Thesen schienen für Patricia und Bettina auszudrücken, daß Törleß zwar erste und auch leidenschaftliche sexuelle Erfahrungen (mit Bŏzena) haben mag, aber eben keine Liebeserfahrungen. Michael akzentuiert, das sei auch die Ansicht des Autors.«[84]
Die Lehrerin hilft in diesem Falle im Gespräch nach. Sie trennt zwischen erster Leidenschaft und wirklicher Liebe, und sie hilft den Sechzehnjährigen damit weiter. Konnten die Schüler über das Thema Sexualität als Homosexualität überhaupt nicht sprechen; ließ sich über Törleß Beziehung zur Prostituierten Bŏzena immerhin diskutieren, so lösten sie die ›heikle‹ Problematik in der naiven aber angemessenen Hoffnung auf Liebeserfahrung auf: Damit waren aber die Verwirrungen des Zöglings Törleß nicht mehr die ihren.«[85]
In den folgenden Stunden zeigt sich große Interesselosigkeit der Schüler, die auch durch weitere Leitfragen nicht wieder verlebendigt werden kann. Die Schüler sind zwar textmüde, arbeiten jedoch weiter mit.
Schließlich wird in der achten Stunde Bilanz gezogen. Es wird gefragt, was und ob die Schüler etwas mit Musils Roman anfangen können.
Antworten der Schüler:
Ramona: »Mir gefiel das Buch nicht, weil ich finde, das paßt überhaupt nicht auf uns, mit den Problemen und so.«
Michael: »Ich finde es falsch, das Buch von dem Standpunkt aus zu bewerten, daß bei uns solche homosexuellen Erlebnisse vielleicht nicht in der Massivität auftreten, und daß es deshalb für uns keinen Wert hätte.«
Gerd: »Ich hätte es aber für besser gehalten, daß man ein Buch genommen hätte, das aus unserer heutigen Zeit stammt, weil bei uns andere Probleme noch zusätzlich eine Rolle spielen, z. B. vor allem die starke Politisierung einiger Schüler.«[86]
Als letzte Leitfrage stand zur Diskussion: »Erzählt Musil Törleß' Geschichte realistisch?«[86] »Die Diskussion über das Verhältnis von Roman und Wirklichkeit verdichtete sich in der Frage nach der Wirklichkeit von Gefühlen. Michael erklärte, er habe nicht in die Romanlektüre hineinfinden können, weil Gefühle nur in Bezug zur Wirklichkeit über realistische Details darstellbar seien, auf jeden Fall nicht so, wie Musil es versuche.«[87] »Christian widersprach: ›Wahrscheinlich erscheinen Michael Dinge, die mit dem täglichen

Leben zusammenhängen realistischer als solche, die mit Gefühlen zusammenhängen.‹«[88]
Die Autoren fassen zusammen: »Es geht Christian also nicht um das Problem realistischer Darstellung, für ihn ist der Roman ein Dokument. Törleß' Gefühle erscheinen ihm authentisch, plausibel und real. Indem er die Argumentationsebene wechselt, macht er den Text unangreifbar und kann so seine Sympathie für ihn beiläufig mitteilen.«[89] Auch Philipp sagt in einem Einzelinterview ein halbes Jahr später: »Der Törleß sei in der ganzen Zeit wahrscheinlich der wichtigste Text gewesen, ›sozusagen ein Buch meiner Generation, wenn auch zu einer anderen Zeit‹.«[90]
Es darf im ganzen nicht übersehen werden, daß sich die Unterrichtsgespräche fast ausschließlich auf den Inhalt des Romans beziehen. Die Autoren versuchen, die Auseinandersetzung der Schüler mit dem Text durch die wiedergegebenen Gespräche, Protokolle und auch Aufsätze zu verdeutlichen. Die Verdrängungen der Schüler, ihre Projektionen, auch ihre Selektionen oder Deformationen kommen zum Ausdruck. Sprache und Struktur des Romans bleiben jedoch unerörtert.
Dabei kann es solche subtilen Erfahrungsberichte sicher nicht genug geben. Bei der Darstellung des Textes wie auch bei der Besprechung des »Michael Kohlhaas« und Kafkas »Bericht für eine Akademie«, die das gleiche Autorenteam in der gleichen Klasse beobachtete, zeigt sich ebenfalls ein engagiertes Mitgehen der meisten Schüler. Da viele Schülerantworten wörtlich wiedergegeben wurden, ist auch auf Verständnis oder Unverständnis abzuheben. Trotzdem ist eine allgemeine Aussage über Möglichkeiten und Grenzen der Schülerrezeption schwierig, weil das Unterrichtsgespräch nicht quantifizierbar ist. Außer einigen Hinweisen bei der Wiedergabe des Stundenverlaufs, enthalten sich die Autoren einer solchen Zusammenfassung. Gleichwohl zeigen aber vor allem die zum Teil vollständig abgedruckten Schüleraufsätze, daß der Umgang mit diesem Text in dieser Klasse offenbar für die Schüler erfolgreich war.
Als Ergebnisse sind zusammenzufassen:
Der äußere Handlungsverlauf des Romans wird wohl von den Schülern dieses zehnten Schuljahres verstanden. Gefordert wird denn auch nicht inhaltliches sondern vor allem psychologisches Verstehen.
Es können drei Aspekte von unterschiedlichem Schwierigkeitsgrad herausgestellt werden: Zum einen wird das Verhältnis von Törleß zu seinen Eltern diskutiert. Von den Schülern wird spontan der Vergleich zur eigenen Lebenssituation angesprochen. Der Genera-

tionenkonflikt damals und heute wird ohne Scheu verbalisiert und aufgedeckt. Verdrängung ist anscheinend nicht notwendig.
Zum anderen führt die Lehrerin vergeblich immer wieder an das Problem der Homosexualität heran, das offensichtlich nicht greift. Es muß offenbleiben, ob es für heutige Jugendliche überhaupt nicht als Belastung existiert und daher nicht nachvollziehbar ist, oder ob die Klasse die Thematik verdrängt. Aus den Schülerantworten scheint eher hervorzugehen, daß Homosexualität kein wesentlicher Erlebensfaktor für heutige 16/17jährige ist. Nach der Aufhebung der sexuellen Tabus ist der Entwicklungsumweg über die Homoerotik wohl nicht mehr notwendig.
Schließlich wird das Problem der tatsächlichen Sexualität dargestellt am Verhältnis von Törleß und Bözena und das Problem echter Liebesbeziehung diskutiert. Hier äußern sich die Schüler offen und unbefangen und unter latenter Einbeziehung ihres eigenen Erlebens.
Eine formale Textanalyse wird durch die Frage nach der Realität der Schilderung angedeutet. Es finden sich dabei einige knappe Schüleräußerungen über die realistische Darstellbarkeit von Gefühlen. Im ganzen wird auf Form und Struktur des Romans nicht ausführlich eingegangen.
Diese 16/17jährigen Gymnasiasten erweisen sich hier und in den anderen, vom gleichen Autorenteam vorgelegten Unterrichtsverläufen, als fähig, ein so komplexes Textgebilde wie es ein Roman ist, kognitiv zu überschauen, zu interpretieren und wohl auch den Sinngehalt zu decodieren. Es muß jedoch zugestanden werden, daß schwer abzuschätzen ist, wieviele Schüler diese Entschlüsselung wirklich vollziehen.
Die in den Aufsätzen und vor allem in den von den Schülern vorgelegten Stundenprotokollen ebenso wie auch im Unterrichtsgespräch zum Ausdruck kommende sprachliche Leistungsfähigkeit hat sich jedoch gegenüber den befragten achten und neunten Schuljahren der Hauptschulen stark verändert. Wortschatz und syntaktische Mittel sind komplizierter geworden, Gattungsbegriffe und Abstrakta herrschen vor, der Vokabelschatz enthält die Begriffswelt der seelisch-geistigen Bezüge. Diese jugendlichen Gymnasiasten sprechen bereits eine voll entwickelte, differenzierte Erwachsenensprache und haben damit den Schritt von der »außerästhetischen zur ästhetischen Lesephase« vollzogen.[91]

b) Untersuchungen an Texten der Poesie

Das Verständnis des Schülers für das Kindergedicht

»Das Kind liebt das Spielzeug Sprache« sagt Pielow einmal.[92] Ebenso wie das Lallen als Vorstufe zum Sprechen und zum Sprachverständnis in jeder gesunden Kinderentwicklung zu finden ist, so sind Wortspiele, Abzählreime, Kinderverse aus dieser nicht fortzudenken. Sie bilden die Grundlage für jedes spätere literarische, zumindest lyrische Verständnis.

»Mit dem Kinderreim (Kindergedicht) gewinnt das Kind einen Schlüssel für das eigentlich Lyrische, für die Welt der strengen Geordnetheit, für die lakonische Aussage, für den spielerischen Wechsel und das straffe Sich-Fügen der Teilelemente.«[93] Das nachahmende und erfindende Umgehen mit Wort, Klang, Reim und Rhythmus übermittelt einen ersten Zugang zur Struktur der Poesie.

Schulz gliedert die sprachlichen Spielformen, besonders der Vorschulzeit, in folgende Gruppen: »Atemspiele, Lautspiele, Abzählreime, Klangspiele, Reimspiele, Betonungsspiele, Buchstabierspiele, Wortspiele, Namensspiele, Spiele mit Sprichwörtern und Redensarten, Begriffsspiele, Rätsel, Lesespiele – Lesespäße, Lückenspiele, Reihungen, strophische Spiele.«[94]

Daneben stellt Helmers »Genres des lyrischen Humors«, die zwar nicht nur Gedichte für Kinder enthalten, aber doch in der Primarstufe vielfach verwendbar sind. Er unterteilt dabei in: »Klanglyrik, Buchstaben- und Reimspiele, verkehrte Welt und Parodie, Lügengedichte, lachende Moral, komische Erzählgedichte.« Jede dieser Rubriken wird noch mehrfach untergliedert.[95]

Für Krüss sind Gedichte für Kinder lyrische Texte, die dadurch gekennzeichnet sind, daß sie »aus der Welt des Unmittelbaren, des Konkreten, des Anmutig-Bildhaften, aus der Welt des Naiven« stammen.[96]

Die Merkmale des Lyrischen: Klang, Rhythmus, Melodik, Symbolik, Reim, Metrik sind in diesen Textformen schon enthalten und werden unmerklich assimiliert und erfaßt, oft »nicht reflektiert, wohl aber dem Sprachgebilde abgelauscht.«[97]

Insofern sollten diese Grundformen des Lyrischen vom Kindervers bis zum Erzählgedicht einen festen Platz in der Bildungsarbeit der Primarstufe haben.

»Allgemeines Ziel ist die Steigerung der Fähigkeit, Gedichte als spezifische Form komprimierter Texte zu erschließen.«[98]

Als Beispiel für die Aufbereitung eines solchen Kindergedichtes in der Grundschule mag eine Untersuchung von Steffens stehen.[99]

Er legte drei vierten Schuljahren (Probandenzahl n = 99) das achtstrophige Gedicht von James Krüss: »Die knipsverrückte Dorothee« vor (vgl. Textanhang Text Nr. 4, Seite 106).
Als Lernziele wurden formuliert: »Die Kinder sollen den Vorgang des Photographierens, besonders das Einfangen des Motivs und das Auslösen (Klicken), im Strophenrhythmus wiederentdecken und im Vortrag realisieren; sie sollen den Aufbau des Gedichts als Parallelkomposition erkennen, indem sie die Motivwahl der ersten Hälfte mit dem Ergebnis des Photographierens der zweiten Hälfte vergleichen . . .«[100]
Im Unterrichtsgespräch, das leider nicht aufgeführt, aber interpretiert ist, wird von der Überschrift dieses Gedichtes ausgegangen: »Die Kinder unserer Versuchsklassen assoziierten spontan und dynamisch (Gedichttitel an der Tafel): Die Dorothee knipst einfach drauflos; sie knipst vielleicht an einem Tag 20 Filme voll; vielleicht hat sie den Apparat gerade bekommen; ich habe auch mal so wild geknipst, da waren die Bilder nachher verschwommen und verwakkelt; vielleicht sehen die Bilder nachher bei der Dorothee auch ganz verrückt aus. Eine Klasse überraschte mit der semantischen Differenzierung: Daß das Wort ›verrückt‹ sich auf Dorothee und auf das Ergebnis des Photographierens beziehen kann.«[101]
Im weiteren wird der Wortbestand des Gedichtes nach zwei Hauptgruppen hin erarbeitet: Einmal werden die Fachwörter des Photographierens herausgehoben, zum anderen werden die umgangssprachlichen und heiteren Wörter, die die fröhliche Leichtigkeit bewirken, benannt.
Der Gedichtaufbau wird schließlich durch verteiltes Lesen transparent gemacht. Die ersten drei Strophen, in denen die Motive geschildert werden, stehen den letzten drei Strophen, die die Ergebnisse vorlegen, verbunden durch die beiden Mittelstrophen, gegenüber. Außerdem führt der Lehrerimpuls: »Ihr habt vorhin tüchtig gelacht . . . in allen Gruppen zu Gesprächen über die Gründe des Lachens.«[102]
Das Verständnis der Kinder für die Stimmungsstruktur des Gedichtes wird dann – nach dieser Besprechung – geprüft und zwar indem den Schülern eine Liste mit Eigenschaftswörtern, wie schnell, müde, fröhlich, traurig, ernst, heiter, lustig, langsam, matt, flott, hell, unbeschwert, dunkel, munter usw. vorgegeben wird, die die Schüler als zutreffend oder unzutreffend für den Vortrag des Gedichtes kennzeichnen sollten. Jedes Kind der drei Klassen kreuzte daraufhin die ihm als richtig erscheinenden Bezeichnungen an. In der folgenden Tabelle sind die Ergebnisse zusammengestellt.

Tabelle 17: Wörter, die den Vortrag des Gedichtes »Die knipsverrückte Dorothee« charakterisieren (Steffens)[103]

	Anzahl der Nennungen			
	Klasse A	Klasse B	Klasse C	Summe (n = 99)
schnell	19	16	23	58
müde	–	2	–	2
fröhlich	28	25	28	81
traurig	–	11	–	11
ernst	–	7	2	9
heiter	24	20	19	63
lustig	26	28	31	85
langsam	–	3	–	3
matt	–	1	3	4
flott	25	17	12	54
hell	10	8	6	24
unbeschwert	4	–	2	6
dunkel	6	10	10	26
munter	28	11	17	56
	34 Ki.	32 Ki.	33 Ki.	

Klasse A		Klasse B		Klasse C	
fröhlich	28	lustig	28	lustig	31
munter	28	fröhlich	25	fröhlich	28
lustig	26	heiter	20	schnell	23
flott	25	flott	17	heiter	19
heiter	24	schnell	16	munter	17

Wie man sieht, ergaben die Nennungen der Schüler, die ausgezählt wurden, eine klare Häufung der Wörter lustig, fröhlich, heiter, schnell und munter (lustig 85 Nennungen, fröhlich 81, heiter 63, schnell 58, munter 56).

In allen Klassen beziehen sich aber einige, wenn auch wenige Nennungen auf dunkel, das vielleicht durch Dunkelkammer assoziiert ist. Es fällt außerdem bei dem Vergleich dieser drei Klassen auf, daß nichtzutreffende Wörter in Klasse B häufiger als in Klasse A und C, die der gleichen Schule und also dem gleichen Einzugsbereich angehören, genannt werden. Es handelt sich bei Klasse B nach Aussagen des Verfassers um Unterschichtkinder im Gegensatz zu Mittelschichtkindern der beiden anderen Klassen.

Die Interpretationen einzelner Schüler zeigen denn auch, daß ihr Milieu die Denkhaltung bestimmt: ». . . traurig hab ich gewählt, weil Dorothee alles geknipst hat und alles durcheinander gekommen ist; . . . ernst, die Eltern sind ernst, weil vieles verdorben ist . . .; . . . müde, vom vielen Knipsen; dunkel, weil sie in die Dunkelkammer geht.«[104] Trotz dieser Beispiele zeigt aber auch in

dieser Klasse die Häufigkeit der aufgeführten heiteren Wörter, daß der Sinn des Gedichtes von den meisten Kindern begriffen ist.
Ob man anhand einer solchen Eigenschaftsliste die Verständnisebene der Schüler voll erfaßt, soll dahingestellt sein. Im ganzen aber muß wohl gesehen werden, daß dieses lustige Gedicht in seiner Stimmungsqualität in Klang, Struktur und Semantik von Schülern vierter Schuljahre erfaßt werden kann.
Steffens meint: »Zuordnung von adäquaten Eigenschaftswörtern forciert außerdem Formalaspekte von Sprache, die über die inhaltliche Dimension hinausführen.«[105] Im Sicheinhorchen in ein solches Gedicht wird sicher zugleich eine Grundlage für das Verständnis auch schwieriger Gedichtzusammenhänge gelegt.
So ist zusammenfassend festzustellen:
Da sich dem inhaltlichen Verständnis dieses Gedichtes bei zehnjährigen Grundschülern, wie das Unterrichtsgespräch ergab, keine besonderen Schwierigkeiten entgegenstellen, kann ganz auf formale Kriterien abgehoben werden. Diese werden hier untersucht. Dabei zeigt sich, daß mehr als zwei Drittel der Schüler diesen Versen ihre heitere Grundhaltung entnehmen. Die Klangstruktur wird in adäquater Weise ebenso wie Inhalt und Bedeutung auf dem Weg über Reim und Rhythmus erfaßt. Das Verständnis für den Gedichtaufbau wird vor allem durch das didaktische Mittel des Erlesens erreicht.
Leider wird das Unterrichtsgespräch nur beschrieben und nicht wiedergegeben. Man muß außerdem sehen, daß es sich hier nicht so sehr, wie in den anderen Beispielen empirischer Untersuchungen, um spontanes Verständnis für einen Gedichtstoff, sondern um unterrichtlich erarbeitete Ergebnisse handelt. Außerdem fehlt der Vergleich zu anderen Jahrgangsstufen.
Reim, Rhythmus, Wortgestalt dieses Gedichtes wirken aber offenbar stark motivierend auf diese Altersstufe. Die »Botschaft« des Autors kann auf dem Weg über die Textstruktur entschlüsselt werden. Dabei kommt die spielerische Behandlung (Wortassoziationen, Verdoppelungen) dem Denken des Kindes entgegen. Durch die häufigen Wiederholungen sowohl inhaltlicher, vor allem aber formaler Qualitäten ist das Behalten-Können erleichtert. Anforderungen an abstraktes Abheben werden nicht gestellt. Die Inhalte bleiben konkret vorstellbar, eine doppelbödige Transparenz muß nicht durchschaut werden. Es handelt sich also bei diesem Kindergedicht um einen ausgesprochen affinen, d. h. für den Primarschulbereich leicht faßbaren, der mnestischen, kognitiven und der motivationalen Dimension der Persönlichkeit adäquaten Stoff.

Im Gegensatz etwa zur Kurzgeschichte, die, wie wir sahen, eine typisch moderne Kunstform ist, ist die Ballade als Gattung fast altertümlich zu nennen.
Ursprünglich von ballata im Italienischen oder ballada im Provenzalischen stammend, ist darunter eine Art Tanzlied (ballare – tanzen) zu verstehen. Unsere heutige Balladenform hat sich jedoch erst im 18. Jahrhundert in Deutschland entwickelt und zwar im Anschluß an das englische Vorbild der Volksballadensammlung des Bischofs Thomas Percy: »Reliques of Ancient English Poetry« von 1765. Von diesem Zeitpunkt an wird mit »Ballade« das »aus der Volksdichtung stammende oder nach dem Vorbild der Volksdichtung geschaffene erzählende Gedicht entweder düsteren oder heroischen Inhalts bezeichnet, das an keine vorgegebene Form mehr gebunden ist«.[106]
Hier vereinen sich lyrische, epische und dramatische Züge zu gleichen Teilen. So kann schon der Eingang mehr episch sein: »Es war ein König in Thule . . .« (Goethe, Der König in Thule); oder er kann dramatisch beginnen: »Ich hab es getragen sieben Jahr . . .« (Fontane, Archibald Douglas) oder ein lyrischer Anfang, ein »stimmender Akkord« (v. Münchhausen), ein Stimmungsbild zeichnet ihn aus: »Finsterer Himmel, pfeifender Wind, wildöde Heide, der Regen rinnt . . .« (v. Münchhausen, Hunnenzug).
Zwischen Märchenwelt und erfahrener Wirklichkeit angesiedelt, unterscheidet sich die Ballade vom Märchen durch ihre individuelle menschliche Thematik, die meist auch individuelle Tragik ist.
Immer ist eine extreme, existentielle Situation gegeben, die auf Entscheidung drängt und die häufig durch ein starkes Geschehen, eine überraschende Wendung, ein verblüffendes Wort im Schluß zur Entladung kommt.
Neben der detaillierten Typisierung von Kayser[107] in Geisterballade, naturmagische Ballade, Ideenballade, heldische Ballade u.a. steht die Kategorisierung von Kämpchen[108] in: Helden- oder Ideenballade und numinose Ballade. Diese letzte Gruppe wird noch unterteilt in naturmagische (Goethe, Erlkönig), totenmagische Ballade (Bürger, Lenore) und Schicksalsballade (Schiller, Kraniche des Ibykus).
Das Bedrohtsein des Menschen durch eine übersinnliche Macht hat einen zentralen Stellenwert in diesen Gedichten. Insofern ist die echte Ballade immer vom Transzendenten überlagert. Zwei Handlungsebenen, eine rationale und eine irrationale stehen sich gegenüber. Nach v. Münchhausen schildert eine gute Ballade immer

einen sichtbaren unteren Vorgang, der mit einem zweiten unsichtbaren oberen Vorgang durch ein sinnlich wahrnehmbares Teilchen verbunden ist. Häufig kommt diese Verknüpfung in der Überschrift zum Ausdruck (Schiller, Die Kraniche des Ibykus).[109]
Diese Forderung wird jedoch vor allem von den numinosen, nicht immer von den Helden- oder Ideenballaden erfüllt. Die Schicksalshaftigkeit dieser letzten Balladengruppe schafft jedoch auch eine gewisse Doppelbödigkeit, einen Vorder- und Hintergrund, der semantisch decodiert werden muß.
Der Handlung überlagert ist etwa die Idee der Freundschaft (Schiller, Die Bürgschaft) oder der Treue, der Vaterlandsliebe (Fontane, Archibald Douglas). Das Heldische stellt sich in diesen Gedichten in heroischer Haltung dar, d. h. in besonderer Tapferkeit, Treue und Opferbereitschaft.
Sowohl der Zug ins Irrationale, als auch der ins Heroische läßt die Ballade vom Inhalt her dem Denken unserer Zeit fremder werden, ebenso wie auch die gleichmäßige strophische Form dem modernen Gedicht, besonders der modernen Lyrik ferne steht. Trotzdem sollte diese Textsorte im schulischen Alltag wohl nicht ausgespart werden, zumal wir ja gerade wieder begreifen, daß die einseitige rationale Sicht der Dinge eine Verarmung unseres Lebens bedeutet.
Im Gegensatz zu dem realistischen Kindergedicht von James Krüss »Die knipsverrückte Dorothee« fragt es sich nun, wieweit Schüler der Sekundarstufe I die Transparenz, d. h. das dahinterstehende Gemeinte einer balladischen Textform zu entschlüsseln vermögen. Dabei ist die Heldenballade sicherlich leichter verständlich als die numinose Ballade.
Spontanes Textverständnis am Beispiel einer solchen Heldenballade versuchte Walldorf in der Sekundarstufe I herauszuarbeiten.[110] Methodisches Mittel war eine schriftliche Befragung. Sie legte ihrer Untersuchung Fontanes »Archibald Douglas« zugrunde (vgl. Textanhang Text Nr. 5, Seite 108). Es nahmen insgesamt 187 Schüler, Knaben und Mädchen im 6. und 8. Schuljahr an dem Versuch teil:

6. Schuljahr:	85 Schüler (46 Knaben, 39 Mädchen)
8. Schuljahr:	102 Schüler (51 Knaben, 51 Mädchen)

Nachdem einige schwierige Wörter (Stirling-Schloß, Linlithgow, Seneschall, aber auch Graf Archibald Douglas, König Jakob) erklärt und angeschrieben waren, wurde die Ballade zweimal vorgelesen.
Von den acht Fragen, die die Schüler im Anschluß daran schriftlich zu beantworten hatten, sollen hier nur die Ergebnisse der drei wichtigsten Fragen dargestellt werden:

Frage 2: Was findest Du gut an Archibald Douglas und was findest Du nicht gut? Erkläre warum.

Die Antworten der Schüler werden unterteilt

I. nach Nennung von Äußerlichkeiten

II. nach Nennung seelischer Zustände.

(Es verbleibt dabei noch eine Gruppe irrelevanter Antworten)

Zur ersten Gruppe wird die Aufzählung von Kindheitserinnerungen gerechnet oder etwa die Schilderung der Rüstung; in der zweiten Gruppe wird die Heimatliebe des Grafen betont, seine Bitte um den Tod, oder es werden Charaktereigenschaften wie »mutig, furchtlos, freundlich, bescheiden, tapfer, treu ...« genannt.

Es zeigt sich bei der Auswertung, daß die Schüler zwar auch schon im sechsten Schuljahr zu gut einem Drittel (34,9%) von seelischen Zuständen sprechen, daß die Schüler des achten Schuljahres jedoch zu 84,7% die Motivation der Handlung des Helden richtig interpretieren.

Lösungsbeispiele:

6. Schuljahr, Mä.: »Er ließ seinen Panzer unter dem Mantel an.«

8. Schuljahr, Kn.: »Ich finde an Archibald Douglas gut, daß er so an seinem König Jakob und an seinem Vaterland hängt.«[111]

Frage 4: Warum hat der König sich so entschieden?

Bei der Bewertung werden die Antworten getrennt nach

I. Nebenmotiven

II. Hauptmotiven.

(Auch hier verbleiben noch irrelevante Antworten)

Als Nebenmotive gelten: Archibald Douglas war früher der Freund und Lehrer des Königs. Als Hauptmotive stehen dagegen: Douglas will sterben, wenn er nicht in die Heimat zurückkehren darf.

Im sechsten Schuljahr dominieren die Nebenmotive mit 44,2%. Hauptmotive werden nur zu 18,7% genannt. Im achten Schuljahr ist die Nennung von Nebenmotiven zwar auch noch hoch (42,8%), dagegen stehen aber 52% an Hauptmotiven.

Lösungsbeispiele:

8. Schuljahr, Mä.: »Weil Archibald Douglas nichts dafür konnte.«

8. Schuljahr, Mä.: »Vielleicht hat König Jakob dem Grafen auch schon im Innersten längst verziehen, nur sein Stolz läßt es ihn nicht wahrhaben.«[112]

Frage 5: Welche Stelle in dem Gedicht findest Du am wichtigsten, und warum?

Diese Frage zielt wohl am besten auf den Kern der Ballade. Die Antworten werden unterschieden nach

I. Nebensächlichkeiten
II. wesentliche Merkmale.

(Es verbleiben noch irrelevante Antworten)

Als Nebensächlichkeiten werden bewertet: Treffen und Gespräch König – Graf; als wesentliche Merkmale gelten: Douglas fordert den König zur Entscheidung: »Lasse mich in die Heimat zurück oder töte mich«.

In beiden Schuljahren beziehen sich noch etwa die Hälfte der Antworten auf nebensächliche Einzelheiten (6. Schuljahr 45,9%, 8. Schuljahr 56,1%). Ein Ansteigen im Verständnis kommt dagegen bei der zweiten Gruppe deutlich zum Ausdruck: Im achten Schuljahr sind mehr als das Doppelte der Nennungen im sechsten Schuljahr auf wesentliche Merkmale gerichtet (17,0% gegenüber 39,2%).

Lösungsbeispiele:

6. Schuljahr, Mä.: »Ich finde das Gespräch am wichtigsten, weil man da den Inhalt am besten erkennen kann.«

8. Schuljahr, Kn.: »Ich finde die Stelle am wichtigsten, und zwar bei der Übergabe des Schwertes, wo König Jakob das Schwert an Graf Archibald abgibt.«[113]

Im Gegensatz zu den vorwiegend auf Erfassen der Struktur ausgerichteten Gedichtbeispielen in der Primarstufe steht in dieser Ballade in mehr traditioneller Weise das inhaltliche Verständnis des Textes im Mittelpunkt der Besprechung. Walldorf betont, daß sie im Anschluß an die schriftliche Befragung in einem Unterrichtsgespräch in einigen der untersuchten Klassen auch den formalen Aufbau der Ballade in das Blickfeld rückte, und daß die Schüler sich mündlich sehr viel lebendiger und reichhaltiger äußerten, als sie es zuvor in den Niederschriften taten.

Es muß daher noch einmal betont werden, daß die oben vorgelegten spontan gegebenen Antworten, denen um der Vergleichbarkeit willen keine unterrichtliche Behandlung vorausging, gleichsam eine verkürzte, eine untere Verständnisschwelle darstellen.

Es zeigte sich also, daß bei den Schülern des sechsten Schuljahres die Schilderung der Handlung, die spannende Erzählung, das Heranjagen von »Meut und Mann« . . . oder die Beschreibung des konkret Eindrucksvollen, hier der Rüstung, im Vordergrund stehen. Realistik und Außenwelt bestimmen noch etwa zwei Drittel der Antworten, dabei dominieren Einzelbild und Einzelbeschreibung. Zugleich reizt das Abenteuerliche und Heroische an dieser Ballade. Die hintergründige Aussage wird zwar von einem Teil der

Schüler aufgegriffen, doch ist der Anteil dieser Gruppe noch gering.
Für die Schüler des achten Schuljahres sind dagegen die seelischen Zustände der Hauptpersonen zum Teil nacherlebbar und damit wird die zweite Ebene, der doppelte Vorgang, der Hintergrund dieses Balladenstoffes decodiert. Es wird dieser Text nun nicht nur als Heldenballade, sondern auch als Ideenballade verstanden. Die Idee der Treue, die Liebe zur Heimat wird erfaßt. Der Inhalt kann mehr aus der Übersicht heraus geschildert werden, die Ungerechtigkeit der Geschlechterverbannung wird diskutiert.
Während Kayser Archibald Douglas zu den Heldenballaden rechnet, bezeichnet v. Münchhausen »des Douglas Seele und des Königs seelische Wandlung« als den Kern dieses Textes. Er würde sie somit zu den Seelenballaden oder den seelenschildernden Balladen rechnen.[114]
Die beginnende Introversion der Pubertät, das Erleben psychischer Konflikte und das Verständnis für innerseelische Zusammenhänge befähigt den Schüler der Sekundarstufe etwa vom 14./15. Lebensjahr an, die Transparenz balladischer Texte zu erfassen. Der Schüler dieser Altersstufen begreift, daß weder die Personen in ihrem äußeren Glanz oder Elend, noch die Handlung das Entscheidende sind, sondern die im Text dargestellte innerseelische Situation der Personen. Damit helfen ihm solche Stoffe zugleich zu größerer eigener innerer Differenzierung.
Es darf jedoch auch hier nicht übersehen werden, daß nicht alle Schüler des achten Schuljahres dieses Plateau erreichen, doch zeigen die Daten der Erhebung auf jeden Fall einen Verständnisanstieg zwischen dem sechsten und achten Schuljahr.

Das Verständnis des Schülers für moderne Lyrik

Der streng strophisch aufgebauten Textform der Ballade, deren Inhalte durch Handlungen und schicksalsbeladene Personen gekennzeichnet sind, steht die moderne Lyrik in Struktur und Inhalt diametral entgegen. Obwohl sie stark subjektiv ist, treten individuelle Persönlichkeiten so gut wie gar nicht auf. Äußere Ereignisse, wie sie die Epik erzählt, handelnde Personen, wie sie sich im Drama gegenüberstehen, entfallen. Die Transparenz des Gemeinten muß aus Bildern, oft verfremdet, in neue Zusammenhänge gestellt, aus Fragen, Symbolen oder aus nüchternem Darstellen und Beschreiben von Wirklichkeit, aus spielerischem Umgang mit Klangstrukturen oder Teilelementen entnommen werden.

»Montage und Ambiguität; Brechung und Umfunktionierung des Reimes; Dissonanz und Absurdität; ... unregelmäßige Rhythmen; Anspielung und Verdunklung; ... Erfindung neuartiger metaphorischer Mechanismen; ... Erprobung neuer syntaktischer Verfahren« kennzeichnen nach Enzensberger die moderne Lyrik.[115] Während der Kinderreim noch durch Rhythmus und Melodik getragen wird, kann das moderne Gedicht die strophische, gar die metrische Form abstreifen. Dabei bleibt es jedoch immer gebundene Rede, die in spezifischer Weise gestaltet ist. Gestaltlose Form hat im ästhetischen Bereich keinen Raum. Nicht der Inhalt sondern die Formqualität macht das Gedicht aus.

»Die Form ist ja das Gedicht« sagt Gottfried Benn. »Die Inhalte eines Gedichtes, sagen wir Trauer, panisches Gefühl, finale Strömungen, die hat ja jeder, das ist der menschliche Bestand, ... aber Lyrik wird daraus nur, wenn es in eine Form gerät, die diesen Inhalt autochthon macht, ihn trägt, aus Worten Faszination macht.«[116]

Dabei sind die Inhalte, die oft unmittelbarer Gefühlsausdruck sind, meist frei von Handlung und Konkretion. Trotzdem gibt es das überraschend konkrete Bild, das zugleich durchgeistigt abstrakt zu sein vermag. Es gibt ein unerwartetes Ich, oder ein Fragen nach dem Du, nach Welt und Gott und daneben die fast inhaltslose Aussage, die mit Vokalen, Wörtern, metrischem Schema spielt, die ein Hineinhören in sprachliche Klänge und Farben verlangt. Oft sind Ort, Zeit, Kausalität aufgehoben, wird Innerseelisches ebenso wie Weltliches verfremdet, wird gefühlsstarke Intensität in glasklare Abstraktion transformiert.

Im Gegensatz zum Kinderreim, den Lorbe als prälogisch bezeichnet, sieht sie die moderne Lyrik durch eine postlogische Denkstruktur gekennzeichnet.[117]

Die moderne Lyrik, als die Textform, die sich am weitesten von aller Tradition entfernt hat, ist wohl in ihrer Offenheit für neue Strukturen dem älteren Schüler der Sekundarstufe I und dem der Sekundarstufe II durchaus nahezubringen.

Das Bedürfnis nach Gedichten Rilkes und der Kaschnitz ist wieder erwacht, sagt Ulshöfer 1976, dem Bedürfnis nach dieser Literaturgattung kommt »in der Kulturlandschaft die Funktion eines Seismographen« zu. Es zeigt sich hier »eine Tendenzwende im öffentlichen Bewußtsein wie in den Schülerinteressen«.[118]

So mag als letztes Beispiel die Analyse von Paul Celans »Fadensonnen« stehen, die Bauer u. a.[119] in der Sekundarstufe I und II und an Studenten verschiedener Fachrichtungen – also im tertiären Bereich – durchführten (vgl. Textanhang Text Nr. 6, Seite 110).

Die empirische Untersuchung der Rezeption dieses Gedichtes basiert vor allem auf schriftlicher Befragung. Es wird auch auf die mündliche Diskussion innerhalb von Gruppen als methodischem Mittel verwiesen, doch wird hierüber kein Material veröffentlicht. Diese »Wirkungsanalyse soll verstanden werden als Versuch, die Direktwirkung eines literarischen Textes auf kontrastierende Lesergruppen und Einzelleser zu analysieren.« Dabei wird unter Wirkung »das ›Einwirken‹ eines Textes auf den jeweiligen Leser im Rahmen des unmittelbaren Kommunikationsprozesses« verstanden.[120]
Es wird zwischen mikrosemantischer und makrosemantischer Verarbeitung unterschieden. Mikrosemantische Verarbeitung meint »der Leser reagiert auf Text, indem er mittels seiner Sprachkompetenz versucht, die gegebene Information semantisch zu decodieren«.[121] Dieser Vorgang wird als Verstehensprozeß, als Perzeption bezeichnet. Demgegenüber steht die makrosemantische Verarbeitung, d. h. »der Leser vollzieht in Ergänzung zu der semantischen Decodierung eine individuelle Decodierung von Text, in welcher dessen Zuordnung zum Erwartungsprogramm des Lesers erfolgt.«[121] Diese vom Leser gesteuerte selektive Kombination erkannter Bedeutungskomponenten wird als Reaktionsprozeß, d. h. als Interpretation bezeichnet. »Verstehensprozeß sowie Reaktionsprozeß setzen sich aus einer potentiellen und einer aktuellen Stufe zusammen. In ihrer Gesamtheit bilden sie den Rezeptionsprozeß.«[122] Voraussetzungen auf seiten des Lesers sind durchschnittliche Sprachkompetenz, d. h. der Leser verfügt über Wortschatz und grammatische Regeln, die zur sprachlichen Kommunikation zwischen allen Bildungsschichten der entsprechenden Sprachgruppe ausreichen.
Weiterhin gilt »das Vorhandensein eines semantischen Bewußtseins, d. h. der Leser besitzt eine ausreichende Kenntnis der Bedeutungskomponenten der vom Autor gebrauchten Wörter und deren Funktionen im jeweiligen Sprachsystem.«[123] Zugrunde gelegt ist außerdem die Annahme von der Multivalenz des Textes, d. h. es wird abgerückt von der These, der Text beinhalte nur einen bestimmten Sinn. Mehrere Dimensionen der Sinnentnahme sind grundsätzlich möglich.
Die Probanden, Schüler der Sekundarstufe I und II, sowie Studenten der Philologie hatten vor dem Versuch einen Fragebogen, der ihr Verhältnis zur Literatur bzw. zu zeitgenössischer Lyrik erfragte, auszufüllen. Danach stand die Aufforderung: »Lesen Sie das folgende Gedicht bitte einmal aufmerksam durch.«[124]

Es wurde der Text von Celan's »Fadensonnen« schriftlich vorgelegt.
Im Anschluß daran erhielten die Versuchspersonen einen Fragenkatalog, der die Wörter des Gedichtes enthielt. Die Prägnanz, bzw. die Eindruckskraft der Wörter sollte durch eine Skala gewichtet werden. Die Versuchspersonen mußten entscheiden, ob ihnen die im Gedicht auftretenden Wörter »nicht wichtig«, »wichtig« oder »neutral« erschienen, ob sie ihnen »schwer« oder »leicht verständlich« seien.
In einem weiteren Durchgang sollten zu den Worten »Fadensonnen«, »Lichtton« und »baumhoher Gedanke« vorgegebene Eigenschaftswörter assoziiert werden, z. B. bei Fadensonnen: »tot – lebendig; grell – gedämpft; matt – glänzend;« ... bei Lichtton: »kalt – warm; unsichtbar – sichtbar; dunkel – hell;« ... bei baumhoher Gedanke: »weich – hart; bedrohend – befreiend; starr – bewegt ...«[125]
Die Probanden hatten dabei die Möglichkeit, die Dichte der Aussagen dieser Wörter auf einer siebenstufigen Skala zu lokalisieren.
Schließlich wurden fertige Interpretationsansätze zu dem Gedicht angeboten. So zum Beispiel: »Das Gedicht enthält die Gedanken eines Überlebenden in einer entmenschlichten Landschaft«, oder »Das Gedicht beschreibt die Situation eines Menschen in tiefster Bedrängnis (vielleicht: in innerer Einsamkeit)« ... oder »Aus der Öde des Daseins rettet ein Hoffnungsgedanke eine jenseitige Aufgabe«.[126]
Durch Ankreuzen mußte festgestellt werden, welche dieser Interpretationsansätze dem Text am besten entsprechen würden.
Als Ergebnisse wurden drei Rezeptionsstufen herausgestellt: Eine spontane, eine analytische und eine synthetische Stufe. Die semantische Analyse sollte dem ungeübten Leser einen Weg zum Verständnis sog. »dunkler« Texte der Gegenwartsliteratur ermöglichen.
Es zeigt sich, daß die Befragung eine erste spontane Reaktion des Lesers zuläßt, die die Grobstruktur des Textes erfaßt. In der zweiten Rezeptionsstufe wird durch die freie Assoziation eine differenziertere Analyse besonders der Wörter »Fadensonnen«, »Lichtton« und »baumhoher Gedanke« erreicht. Die noch in der Spontanstufe evtl. auftretenden Verständnisschwierigkeiten werden durch die freie Assoziation gelockert und überwunden. In der dritten Stufe schließlich wird dem Leser auf dem Weg über die vorgegebenen Interpretationsansätze die Möglichkeit zu einer tieferen Reflexion über den Text eröffnet.
»Die Schnelligkeit, bzw. Leichtigkeit mit der der einzelne zu einem

Textverständnis gelangt, hängt von der subjektiven Realisierung der Rezeptionsstufen ab. Sie unterliegt dem Einfluß unterschiedlicher Faktoren: Der subjektiven Reaktionsweise des Lesers, seiner spezifischen Assoziations- und Perzeptionskapazität, dem Vorwissen, der allgemeinen Einstellung und anderem mehr.«[127]
Interessant ist bei diesen Ergebnissen die Feststellung der Autoren, daß der Erwartungshorizont des Lesers für das Verständnis eines solchen Textes relativ unbedeutend ist.
»Die Komponenten der traditionellen Erwartung, basierend auf einem an klassischer Lyrik geformten ästhetischen Code, an dem einzelne Leser die zeitgenössische Lyrik messen, erweisen sich als sekundär im Hinblick auf die Rezeption multivalenter Texte.«[128]
Auch Versuchspersonen, die Autor und Gattung des Textes kannten, waren denjenigen, die noch nie etwas von Celan gehört hatten, in bezug auf die inhaltliche Qualität der Textverarbeitung nicht überlegen.
Leider werden bei der Auswertung die Schüler- und Studentengruppen nicht einzeln berücksichtigt.
Allerdings hat man den Eindruck, daß die Anlage der Untersuchung motivationsfördernd wirkt. Dieser »dunkle« Text erhellt sich durch die angebotenen didaktischen Hilfen. Nach Aussagen der Autoren unterliegen die Schüler der Oberstufe und die Philologen der ersten Semester dabei eher vorgeformten klischeehaften Vorstellungen wie z.B. Hoffnung, Optimismus/Pessimismus als die jüngeren Schüler, die unvoreingenommen an den Text herangehen.
Diese drei Ansätze: Spontane Äußerung, assoziatives Spiel mit Worten und Stellungnahme zu vorgegebener Interpretation sind sicher gute Möglichkeiten, das semantische Potential aufzuschließen.

Diskussion der Ergebnisse

Es wurde davon ausgegangen, daß kein Curriculum ohne die Frage nach der Kapazität des Schülers auskommen kann. Die für den Literaturunterricht erstellten Lehrziele empfehlen, daß der literaturverständige Leser heranzubilden ist. Um dies erreichen zu können, muß jedoch vorweg geklärt sein, was ein Schüler in verschiedenen Altersstufen den verschiedenen Gegenständen fiktionaler Texte zu entnehmen vermag.

Hilfen können hier die *Lesertypologie*, die *Rezeptions- und Verständlichkeitsforschung* geben sowie vor allem *Untersuchungen an Prosa und Poesie*.
Die Lesertypologie geht aus vom Interesse des Lesers. Sie bietet – allerdings recht global – eine Anleitung für in verschiedenen Altersstufen vom Schüler bevorzugte Textarten und gibt somit Hinweise für die Affinität zwischen Leser und Text. Nur der affine, der reizvolle, der adäquate Stoff enthält die Möglichkeit zur Identifikation und damit zugleich die Grundlage jeder Motivation.
Die Rezeptionsforschung bzw. Rezeptionsästhetik fragt nach der Wechselwirkung zwischen Autor – Werk – Rezipient. Dabei wird gegenwärtig der Ruf nach der Bedeutung der Leservariable überall laut, praktisch überwiegt jedoch noch immer die Besprechung des Autors oder des Werks. Anstelle der Rezipientenanalyse steht die Textanalyse.
Die Verständlichkeitsforschung schließlich fragt zwar nach dem Textverständnis des Lesers, sie bezieht sich bis jetzt jedoch auf expositorische, nicht auf fiktionale Texte. Sie stellt außerdem die Gedächtnisleistung, das Behalten-Können nicht das Verstehen, das Entschlüsseln-Können in den Mittelpunkt ihres Bemühens.
Mit Hilfe verschiedener empirischer Arbeiten wurden hier in sieben Untersuchungen das Verständnis des Schülers/Lesers unterschiedlicher Alters- und Bildungsstufen (Primarstufe, Sekundarstufe I und II) für poetische Texte verschiedener Textsorten ermittelt. Dabei war über Interesse und Behalten-Können hinaus unter Verstehen/Verständnis, die Fähigkeit der Sinnentnahme, der Entschlüsselung, der Decodierung eines Textes gemeint.
Die vorgelegten Beispiele sind gewiß recht heterogen und sicher nicht im eigentlichen Sinne repräsentativ. Das ergibt sich aus dem Mangel an geeignetem Material. Sie sind aber wohl trotzdem aufschlußreich.
Bei der Rezeption eines Textes spielt die sog. »Machart des Textes« eine gewisse Rolle. Der Text steht dem Leser/Hörer stets gegenüber. Aus der Dynamik zwischen der »Appellstruktur« des Textes (Iser)[129] und der Reagibilität des Individuums erwächst das literarische Verständnis. Diese Appellstruktur ist als der Kognition, Emotion und Motivation auslösende Faktor anzusehen.
Die linguistische Textanalyse zeigt, wie wir bereits sahen, ganz allgemein, daß z. B. der Bekanntheitsgrad der Wörter eine Erleichterung des Verstehens bewirkt (Paivio); daß Handlung und Konkretion schneller entschlüsselt werden (Paivio); daß die Stellung der Wörter innerhalb des Satzes dessen Verständlichkeit ausma-

chen, wie auch z. B. das Prädikat besser behalten wird als das Subjekt (Teigeler).
Diese »Machart der Texte« wurde in unserem Material nur insofern berücksichtigt, als die hier verwendeten Textsorten allgemein gekennzeichnet und das Schülerverständnis für den einen oder anderen literarischen Gegenstand untersucht wurde.
Auf seiten des Lesers ist die Rezeption vor allem abhängig von *soziokulturellbedingten, persönlichkeitsbedingten* und *entwicklungsbedingten* Variablen.

Soziokulturellbedingte Variablen

Setzt man bei Schülern der Sekundarstufe und bei Schülern der Primarstufe – etwa vom vierten Schuljahr an – eine durchschnittliche Sprachkompetenz voraus, so muß gesehen werden, daß das Verständnis eines Textes von der gesamten Atmosphäre der Umwelt, in der der Leser lebt, beeinflußt wird. Vorverständnis und Einstellungen sind durch soziokulturelle Gegebenheiten mit bedingt.
Sprachstil des Elternhauses, der Nachbarn, der Spielgruppe beispielsweise bewirken solche Vorerfahrungen; Lektürefreundlichkeit oder Abstinenz der Umgebung bilden Leitbilder aus, ehe das Kind zum Schüler wird. Sie wirken weiterhin stützend oder hemmend, wenn die schulische Lektüre zu Hause bewertet, d. h. anerkannt, ignoriert oder abgelehnt wird.
Aber auch die Schule als solche bedeutet einen Wirkfaktor. Im ganzen läßt sich eine gewisse Nivellierung durch die Schule nicht vermeiden. Sprachlich begabte Kinder mit differenziertem Ausdruck werden im allgemeinen weniger gefördert als weniger begabte, wie schon Mierke am Abfall der Deutschnoten im Verlauf der Schulzeit zeigen konnte.[130] So haben Schüler der oberen Sekundarstufenklassen eine Adaptation an die Schulsituation erfahren, die sie unabhängiger sein läßt vom background des Elternhauses als den jüngeren Schüler. Das kommt dem von Haus aus weniger geförderten Schüler zugute. Ein gewisses gleiches Niveau pendelt sich durch gleichen Unterricht ein. Schüler werden in unserer heutigen Schule sicher mehr kollektiviert denn individualisiert.
Darüber hinaus wird von einigen Autoren – besonders von der Gruppe Eggert/Berg/Rutschky – immer wieder betont, daß das Textverständnis des Schülers/Lesers abhängig ist von der jeweiligen sozialen Situation, in der der Text dargeboten wird. Sie meinen, daß eine Revision des Rezeptionsbegriffs davon ausgehen muß, daß es den »einsamen« Leser nicht gibt. »Die Textinterpretationen der

Schüler bilden nicht ihre Rezeption gleichsam im Naturzustand ab, sondern sind von der sozialen Situation des Interviews geprägt.«[131] Und: »Keine Analyse überlieferter Textinterpretationen darf von dem sozialen Prozeß abstrahieren, in dem sie formuliert worden sind.«[132]
Hierzu ist sicher zu sagen, daß nicht jeder Schüler außengesteuert ist, und daß eben kein zwanghaftes Verhältnis besteht, daß dies so ist.
So konnte z. B. Delius in einer interessanten Befragung in der Sekundarstufe II (Klassen 11 – 12) zeigen, daß hier die Autonomie der Schüler überraschend hoch war. Auf die Frage: »Was erwarten Sie von der Behandlung literarischer Texte im Deutschunterricht«?[133] erfolgten vorwiegend Antworten im folgenden Sinne:
»Eine gründliche Analyse erwarte ich absolut nicht, da für mich dann meistens der Text zerrupft wird. Der Gesamteindruck geht verloren« . . . (Kl. 11)[134]
»Langweile entsteht, wenn die Eigeninterpretation der Schüler durch starre Unterrichtsplanung des Lehrers oder durch die persönliche Haltung des Lehrers verhindert wird.« (Kl. 11)[135]
»Ein wirkliches Leseerlebnis wird innerhalb einer Klasse kaum möglich sein, dies muß dem privaten Lesen überlassen bleiben . . .« (Kl. 11)[136]
»Ich glaube, die wichtigste Kommunikation eines Menschen mit einem Text geht nur nonverbal vor sich, direkt aus dem Buch zu einem selbst sozusagen.« (Kl. 12)[137]
Den einsamen Leser gibt es nicht?
Allerdings wirkt sich in diesen Beispielen so etwas wie Klassenstil aus. Glücklich der Lehrer, bei dem diese Antworten gegeben werden, und in dessen Klasse der Gruppendruck noch nicht alle Individualität erstickt hat.
Natürlich muß beachtet werden, daß beide Aspekte: Die Adaptation an die Wünsche des Lehrers und auch der Widerstand vorhanden sind. Der eine Schüler paßt sich an, der andere ist früh autonom. Man kann beide Gesichtspunkte nicht verallgemeinern.
Als letzte, extreme Position in bezug auf die soziale Determiniertheit der Textinterpretation sei noch eine Stellungnahme von Hopster angeführt. Er postuliert: »›Gegenstand‹ ist nicht ein Text, sondern die sich in den Äußerungsweisen der Gruppenmitglieder niederschlagenden Beziehungen zu ihm. Diese zu ermöglichen, Situationen für ihren Aufbau anzubieten, ist die primäre Aufgabe des Leseunterrichts.«[138]
Hier scheint sich das Kommunikationsmodell zu überschlagen. Wenn der Gegenstand weder der Text, noch der Autor, noch der

Leser ist, sondern nur die Beziehungen der Gruppenmitglieder untereinander und zum Text beobachtet werden, haben wir im eigentlichen Sinne kaum noch Literaturunterricht.
Dagegen ist es geradezu tröstlich, daß eine Meinung wie die Kleinschmidts auch im Raume steht. Er stellt fest: »Und schließlich und endlich hieße es, das Wesen literarischer Texte gründlich mißverstehen, wollte man sie aus dem Raum des Nur-Persönlichen, des Privaten, ganz und gar herausrücken. Dort, wo ein Mensch unverwechselbar er selber ist, bleibt ihm das Recht, ja zu sagen oder nein, ergriffen zu sein oder nicht, bleibt ihm die Freiheit, mit der Aussage eines Textes das zu tun, was ihm ganz persönlich gehört.«[139]
Damit ist zugleich ausgesagt, daß neben den soziokulturellbedingten Variablen, die ja nicht in Abrede gestellt sein sollen, die aber im rechten Verhältnis zu anderen Wirkfaktoren gesehen werden müssen, vor allem die persönlichkeitsbedingten Variablen in das Vorverständnis des Schülers/Lesers mit einfließen.

Persönlichkeitsbedingte Variablen

Wieweit Schüler einer Klasse – und in unseren Beispielen handelt es sich nicht um Einzelinterviews – sondern um Klassenunterricht – individuelle, persönlichkeitsbedingte Variablen einbringen, ist aus unserem Untersuchungsansatz kaum zu entnehmen. Trotzdem müssen diese Aspekte stets mit bedacht werden. Denn ebenso wie der Leser sich seiner sozialen Umwelt gegenüber stabil oder labil, abhängig oder autonom verhalten kann, so kann er auch den Reizwert eines Textes aktiv oder reaktiv beantworten. Er handelt, er tut etwas mit dem Text, er rezipiert ihn nicht nur gemäß der Vorlage, sondern er verändert, indem er ihn zu decodieren sucht; er füllt Leerstellen auf und interpoliert, aber er selektiert auch, unterschlägt, übersieht Teilelemente, er deformiert; er kann semantisches Potential assimilieren; er kann ebenso seine Grundbefindlichkeit in den Text hineinprojizieren.
Hillmann nennt diese »Diskrepanz zwischen der intentionalen Bedeutung des Textes und der deutlich ausformulierten individuellen Aktualisierung die ›interpretatorische Differenz‹«.[140] Diese Differenz zwingt zur Auseinandersetzung und macht schließlich die persönliche Projektion dem Text gegenüber bewußt. Dadurch wird der Weg zu versachlichter Sinnentnahme möglich.
Die Einstellung, die ein Leser mitbringt, kann zwar durch soziokulturelle Vorerfahrungen determiniert sein, ebenso können sich aber hier auch individuelle Persönlichkeitszüge auswirken. Um die

Erhellung dieser Faktoren hat sich besonders Crossen bemüht. Sie konnte zeigen, daß die Einstellung, die ein Leser dem Inhalt des Abschnitts gegenüber mitbringt, das nachfolgende Verständnis beeinflußt.[141] Besonders wird betont, daß die Fähigkeit, Schlußfolgerungen zu ziehen, durch die Einstellung begünstigt wird.
Zu den persönlichkeitsbedingten Variablen gehören aber vor allem die intellektuelle Grundausstattung eines Schülers. Williams u.a. konnten an »Tests zur Messung des Literaturverständnisses« nachweisen, daß »die Fähigkeit zum Literaturverständnis hoch mit der Intelligenz« korreliert und »(in geringem Grade) mit dem Kunst- und Musikverständnis«.[142]
Wenn man bedenkt, daß sprachliche Differenzierung im frühen Kindesalter – wie oben dargelegt – eine positive Intelligenzstruktur erwarten läßt, wird dieses Ergebnis nicht überraschen.
Antriebskraft, schöpferische Produktion, Differenziertheit des emotionalen Erlebens sind sicher ebenso wie Kognition und Gedächtnis nicht unabhängig vom zeitlichen Verlauf der Entwicklung zu sehen. Trotzdem stehen die motivationale, die kreative und die emotionale Dimension innerhalb der Persönlichkeitsstruktur in einem anderen Verhältnis zum Entwicklungsverlauf als die kognitive und die mnestische Dimension. Motivation, Kreativität und Emotionalität sind weitgehend abhängig von der Temperamentsstruktur des Individuums. Hier ist der einzelne auch in der Textbegegnung stärker autochthon. Aber eben deshalb bleiben diese psychischen Prozesse des Lesers weitgehend verborgen. Sie kamen in den Untersuchungen hier und da in einzelnen Schülerantworten zum Ausdruck. Doch sind sie nur schwer meßbar.

Entwicklungsbedingte Variablen

Schließlich aber ist Textverständnis vor allem abhängig von den Entwicklungsbedingungen des Schülers/Lesers.
Vergleicht man die Schülerrezeption bei den verschiedenen Prosatexten von Fabel, Kurzgeschichte und Roman im dritten bis zehnten Schuljahr, so wird der große Schritt der veränderten Verständnislage sichtbar.
Die Schüler der Primarstufe vermochten zwar dem äußeren Handlungsablauf z. B. der Fabel zu folgen, sie vermochten die auftretenden Tierfiguren in ihren äußeren Funktionen zu beschreiben, aber erst zu Beginn der Sekundarstufe im fünften Schuljahr waren sie in der Lage, und auch da nur ein Drittel der Schüler, den Gleichnischarakter der Fabel zu entschlüsseln. Die Sinnentnahme wird auch hier noch nicht von allen Schülern geleistet, aber die Fähigkeit zur

Übertragung, zum Vergleich in der Vorstellung, zum Erfassen von transparenten Vorgängen setzt deutlich ein.
Die Befragung und die Unterrichtsprotokolle bei der Behandlung der Kurzgeschichten in der Sekundarstufe I zeigen einen deutlichen Entwicklungsschritt des Verstehens zwischen den Schülern des sechsten und denen des achten und neunten Schuljahres. Die Entnahme des inhaltlichen Geschehens kann von den meisten Schülern dieser Altersstufen erbracht werden. Bei der Erzählung von Borchert ist die Wiedergabe der räumlichen Situation breiter angelegt als die der Zeit. Der transparente Sinngehalt wird im sechsten Schuljahr von der Hälfte der Schüler, im achten Schuljahr von zwei Dritteln verstanden. Der Zuwachs in der kognitiven Dimension zeigt sich aber am deutlichsten in der größeren sprachlichen Differenziertheit der Schülerantworten. Die Verwendung der Abstrakta nimmt zu, der Wortschatz erweitert sich in seelisch-geistige Bereiche hinein. Längere und kompliziertere Satzgefüge treten auf. Bei den Schülerantworten zu Rinsers Kurzgeschichte im achten und neunten Schuljahr fällt außerdem auf, daß der Vergleich mit eigenen seelischen Zuständen, wenn auch nur in Ansätzen, vollzogen wird. Die Appellstruktur dieses Textes zielt außerdem stärker auf emotionale denn auf kognitive Dimensionen und ist offenbar stark Motivation auslösend.
Dem äußeren Verstehensablauf können Schüler dieser Altersstufe – wie sich zeigt – ohne weiteres folgen. Auch die Anregung zur emotionalen Identifikation wird zum großen Teil aufgegriffen, aber die tiefere psychologische Bedeutung des Textes, der in der Entschlüsselung des pubertären Konfliktes liegt, wird in dieser Klasse wohl noch nicht verstanden.
Auch die Besprechung von Musils Roman im zehnten Schuljahr des Gymnasiums zeigt, daß das Verständnis für psychische Zustände der Romanfiguren, das Sich-mit-ihnen-identifizieren, und diesen Vorgang benennen können, drei verschiedene Niveaus des Verständnisses ausmacht. Die Schüler dieser Stufe können nicht nur den vordergründigen Inhalt richtig entnehmen, sie vermögen jetzt auch die seelische Situation der auftretenden Figuren zu schildern. Kognitives Erfassen, emotionales Nachempfinden eines so komplexen Stoffes sind gewiß differenzierte Verständnisebenen, aber eine nächste Stufe wäre Übertragung, Transformation zum eigenen Zustand und das Erreichen einer solchen Distanz, daß eine Benennung dieses Zustandes möglich wird. Vor dieser Ebene weichen die Schüler, obwohl durch Lehreranstöße provoziert, deutlich zurück.
Die Ausdrucksweise dieser sechzehn-/siebzehnjährigen Gymna-

sialschüler zeigt außerdem eine voll ausgereifte Erwachsenensprache. Die Verbalisierungsfähigkeit ist weit entwickelt. Auch das argumentative Hin und Her wird von den sich äußernden Schülern (man weiß zwar nicht wieviele das sind) voll beherrscht.
Bei den hier vorgelegten Untersuchungen an Prosatexten bleiben die formalen Gesichtspunkte der Lektüre weitgehend unberücksichtigt.
Dafür zeigt sich aber bei der Arbeit mit poetischen Texten, daß schon die Schüler der Primarstufe sich in die strukturadäquate Erschließung einhören können. Es ließ sich nachweisen, daß bei der Behandlung des Kindergedichtes von James Krüss die größte Zahl der Schüler in der Lage war, die Stimmungsqualität der Verse durch zugehörige Eigenschaftswörter zu schildern.
Die Fontanesche Ballade wurde hier auch nur inhaltlich und nicht formal interpretiert. Die Untersuchung zeigt daher den gleichen Entwicklungsanstieg zwischen dem sechsten und achten Schuljahr, wie es die Kurzgeschichten andeuten: Im sechsten Schuljahr werden häufiger nebensächliche Äußerlichkeiten und Einzelheiten datiert, im achten Schuljahr dagegen wird die Doppelbödigkeit dieser Gattung bis zu einem gewissen Grade verstanden.
Die Textarbeit mit Paul Celans Fadensonnen macht schließlich erfahrbar, daß es einer guten didaktischen Aufbereitung wohl gelingen kann, solche »dunklen« Texte zu erhellen und sie auf dem Weg über die spontane Äußerung, das assoziative Spiel mit Wörtern und die Anregung durch interpretatorische Vorgaben in Semantik und Struktur lebendig zu machen.

So lassen sich drei Ebenen des Verstehens mit unterschiedlichem Niveau herausstellen:

I. Primärebene des Verstehens
(etwa 3. bis 6. Schuljahr)

Der Schüler vermag einem literarischen Text den äußeren Handlungsablauf zu entnehmen. Das konkrete vordergründige Geschehen wird verstanden. Räumliche Kategorien werden besser erfaßt als zeitliche. Eindimensionales Verstehen herrscht vor, d.h. die Textinhalte werden einschichtig, flächig, ohne Tiefendimension aufgenommen und verarbeitet.

II. Sekundärebene des Verstehens
(etwa 7. bis 9. Schuljahr)

Der Text kann in seiner Transparenz durchschaut werden. Vorder- und Hintergrund, Thema und Horizont werden erfaßt. Die Doppelbödigkeit eines fiktionalen Textes wird, wenn auch nicht von allen Schülern, verstanden. Zeitliche Kategorien werden ebenso wie räumliche verwendet. Vergleiche in der Vorstellung sind möglich. Mehrdimensionales Verstehen, d.h. Begreifen von Ursache und Wirkung, von Relationen, von abstrakten Zusammenhängen eröffnet sich.

III. Tertiärebene des Verstehens
(etwa 10. bis 12. Schuljahr)

Zu dem bisher Gesagten tritt nun vor allem größeres Verständnis für die formalen Strukturen des Textes. Zugleich wird die Tiefendimension, die Staffelung des Textes vielschichtig differenziert erfaßt. Überschau, Zusammenschau, Strukturierung sind möglich. Hinzu kommt verfeinertes psychologisches Begreifen der im Text auftretenden Personen.[143]

Textanhang

Text 1:
Aesop,
Vom leichtsinnigen Anschwärzen*

Ein alter Löwe lag krank in seiner Höhle. Alle Tiere kamen, ihn zu besuchen. Der Löwe freute sich über diese Aufmerksamkeit. Aber er vermißte einen.
»Wo bleibt denn der Fuchs?« knurrte er, »er ist der einzige, der noch nicht hier war.« Der Wolf, der das hörte, benutzte die Gelegenheit, den Fuchs, den er nicht leiden mochte, anzuschwärzen: »Hm ... der Fuchs ..., der ist der richtige. Man muß nur hören, wie er über Euch, erhabener Herr, bei allen Tieren herumschwätzt. Manchmal hat man den Eindruck, daß er sich gar über Euch lustig macht.«
Der Fuchs, der inzwischen leise herangekommen war, hörte noch die unfreundlichen Worte des Wolfes. Mit einem schiefen Blick dachte er: »Warte nur!« und machte dem Löwen eine tiefe Verbeugung.
»Na endlich!« brüllte der zornig, »Dich eitles Herrchen scheint ja das Befinden Deines kranken Königs wenig zu interessieren!«
Der Fuchs dachte: »Quatschkopf!« und sagte laut: »Erlaubt edler Herr! Ich glaube, man verdächtigt mich fälschlich. Ich möchte nur wissen, wer von allen diesen ehrenwerten Tieren, die hier nutzlos herumstehen und Maulaffen feilhalten, soviel für Euch getan hat wie ich, der ich den ganzen Tag von Arzt zu Arzt herumgelaufen bin, um eine gute Medizin für Eure Heilung zu erfahren.«
Der Löwe spitzte die Ohren. »Hast Du eine entdeckt, mein Lieber?« fragte er hastig und war schon viel liebenswürdiger. »Selbstverständlich. Ihr braucht nur einem lebendigen Wolf das Fell abzuziehen, um Euch darin einzuhüllen, solange es noch warm ist, sofort wird Eure Krankheit weggeblasen sein!« Ehe sich der petzerische Wolf versah, traf ihn schon die Pranke des Löwen, daß er tot zu Boden fiel. So eilig hatte es der Löwe mit seiner Heilung.
Der Fuchs aber drückte sich vorsichtshalber eilig in die Büsche und dachte: »Mit hohen Herren soll man nicht spaßen. Wie leicht kann man dabei Schaden erleiden.«

Aus: Die Äsopischen Fabeln, Langenscheidtsche Bibliothek sämtlicher griechischer und römischer Klassiker. 2. Band: Äsop-Hesiod-Quintus, Berlin u. Stuttgart 1855–1914.

* Für den Schulgebrauch etwas geänderte Fassung von: Der Löwe, der Wolf und der Fuchs.

Text 2: Wolfgang Borchert, Nachts schlafen die Ratten doch.

Das hohle Fenster in der vereinsamten Mauer gähnte blaurot voll früher Abendsonne. Staubgewölke flimmerte zwischen den steilgereckten Schornsteinresten. Die Schuttwüste döste. Er hatte die Augen zu. Mit einmal wurde es noch dunkler. Er merkte, daß jemand gekommen war und nun vor ihm stand, dunkel, leise. Jetzt haben sie mich! dachte er. Aber als er ein bißchen blinzelte, sah er nur zwei etwas ärmlich behoste Beine. Die standen ziemlich krumm vor ihm, daß er zwischen ihnen hindurchsehen konnte. Er riskierte ein kleines Geblinzel an den Hosenbeinen hoch und erkannte einen älteren Mann. Der hatte ein Messer und einen Korb in der Hand. Und etwas Erde an den Fingerspitzen.
Du schläfst hier wohl, was? fragte der Mann und sah von oben auf das Haargestrüpp herunter. Jürgen blinzelte zwischen den Beinen des Mannes hindurch in die Sonne und sagte: Nein, ich schlafe nicht. Ich muß hier aufpassen. Der Mann nickte: So, dafür hast du wohl den großen Stock da?
Ja, antwortete Jürgen mutig und hielt den Stock fest.
Worauf paßt du denn auf?
Das kann ich nicht sagen. Er hielt die Hände fest um den Stock.
Wohl auf Geld, was? Der Mann setzte den Korb ab und wischte das Messer an seinem Hosenboden hin und her.
Nein, auf Geld überhaupt nicht, sagte Jürgen verächtlich. Auf ganz etwas anderes.
Na, was denn?
Ich kann es nicht sagen. Was anderes eben.
Na, denn nicht. Dann sage ich dir natürlich auch nicht, was ich hier im Korb habe. Der Mann stieß mit dem Fuß an den Korb und klappte das Messer zu.
Pah, kann mir denken, was in dem Korb ist, meinte Jürgen geringschätzig, Kaninchenfutter.
Donnerwetter, ja! sagte der Mann verwundert, bist ja ein fixer Kerl. Wie alt bist du denn?
Neun.
Oha, denk mal an, neun also. Dann weißt du ja auch, wieviel drei mal neun sind, wie?
Klar, sagte Jürgen, und um Zeit zu gewinnen, sagte er noch: Das ist ja ganz leicht. Und er sah durch die Beine des Mannes hindurch. Dreimal neun, nicht? fragte er noch einmal, siebenundzwanzig. Das wußte ich gleich.
Stimmt, sagte der Mann, und genau soviel Kaninchen habe ich.
Jürgen machte einen runden Mund: Siebenundzwanzig?
Du kannst sie sehen. Viele sind noch ganz jung. Willst Du?
Ich kann doch nicht. Ich muß aufpassen, sagte Jürgen unsicher.
Immerzu? fragte der Mann, nachts auch?
Nachts auch. Immerzu. Immer. Jürgen sah an den krummen Beinen hoch. Seit Sonnabend schon, flüsterte er.

Aber gehst du denn gar nicht nach Hause? Du mußt doch essen.
Jürgen hob einen Stein hoch. Da lag ein halbes Brot. Und eine Blechschachtel.
Du rauchst? fragte der Mann, hast du denn eine Pfeife?
Jürgen faßte seinen Stock fest an und sagte zaghaft: Ich drehe. Pfeife mag ich nicht.
Schade, der Mann bückte sich zu seinem Korb, die Kaninchen hättest du ruhig mal ansehen können. Vor allem die Jungen. Vielleicht hättest du dir eines ausgesucht. Aber du kannst hier ja nicht weg.
Nein, sagte Jürgen traurig, nein, nein.
Der Mann nahm den Korb hoch und richtete sich auf. Na, ja, wenn du hierbleiben mußt – schade. Und er drehte sich um.
Wenn du mich nicht verrätst, sagte Jürgen da schnell, es ist wegen den Ratten.
Die krummen Beine kamen einen Schritt zurück: Wegen der Ratten?
Ja, die essen doch von Toten. Von Menschen. Da leben sie doch von.
Wer sagt das?
Unser Lehrer.
Und du paßt nun auf die Ratten auf? fragte der Mann.
Auf die doch nicht! Und dann sagte er ganz leise: Mein Bruder, der liegt nämlich da unten. Da. Jürgen zeigte mit dem Stock auf die zusammengesackten Mauern. Unser Haus kriegte eine Bombe. Mit einmal war das Licht weg im Keller. Und er auch. Wir haben noch gerufen. Er war viel kleiner als ich. Erst vier. Er muß hier ja noch sein. Er ist doch viel kleiner als ich.
Der Mann sah von oben auf das Haargestrüpp. Aber dann sagte er plötzlich: Ja, hat euer Lehrer euch denn nicht gesagt, daß die Ratten nachts schlafen?
Nein, flüsterte Jürgen und sah mit einmal ganz müde aus, das hat er nicht gesagt.
Na, sagte der Mann, das ist aber ein Lehrer, wenn er das nicht mal weiß. Nachts schlafen die Ratten doch. Nachts kannst du ruhig nach Hause gehen. Nachts schlafen sie immer. Wenn es dunkel wird, schon.
Jürgen machte mit seinem Stock kleine Kuhlen in den Schutt. Lauter kleine Betten sind das, dachte er, alles kleine Betten.
Da sagte der Mann (und seine krummen Beine waren ganz unruhig dabei): Weißt du was? Jetzt füttere ich schnell meine Kaninchen, und wenn es dunkel wird, hole ich dich ab. Vielleicht kann ich eins mitbringen. Ein kleines oder, was meinst du?
Jürgen machte kleine Kuhlen in den Schutt. Lauter kleine Kaninchen. Weiße, graue, weißgraue. Ich weiß nicht, sagte er leise und sah auf die krummen Beine, wenn sie wirklich nachts schlafen.
Der Mann stieg über die Mauerreste weg auf die Straße. Natürlich, sagte er von da, euer Lehrer soll einpacken, wenn er das nicht mal weiß.
Da stand Jürgen auf und fragte: Wenn ich eins kriegen kann? Ein weißes vielleicht?
Ich will mal versuchen, rief der Mann schon im Weggehen, aber du mußt hier solange warten. Ich gehe dann mit dir nach Hause, weißt du? Ich muß deinem Vater doch sagen, wie so ein Kaninchenstall gebaut wird. Denn das müßt ihr ja wissen.

Ja, rief Jürgen, ich warte. Ich muß ja noch aufpassen, bis es dunkel wird. Ich warte bestimmt. Und er rief: Wir haben auch noch Bretter zu Hause. Kistenbretter, rief er.
Aber das hörte der Mann schon nicht mehr. Er lief mit seinen krummen Beinen auf die Sonne zu. Die war schon rot vom Abend und Jürgen konnte sehen, wie sie durch die Beine hindurchschien, so krumm waren sie. Und der Korb schwenkte aufgeregt hin und her. Kaninchenfutter war da drin. Grünes Kaninchenfutter, das war etwas grau vom Schutt.

Aus: Wolfgang Borchert, Das Gesamtwerk, Rowohlt Verlag GmbH, Hamburg 1949 (Der Abdruck erfolgt mit freundlicher Genehmigung des Verlages).

Text 3:
Luise Rinser,
Die rote Katze.

Ich muß immer an diesen roten Teufel von einer Katze denken, und ich weiß nicht, ob das richtig war, was ich getan hab. Es hat damit angefangen, daß ich auf dem Steinhaufen neben dem Bombentrichter in unserem Garten saß. Der Steinhaufen ist die größere Hälfte von unserem Haus. Die kleinere steht noch, und da wohnen wir, ich und die Mutter und Peter und Leni, das sind meine kleinen Geschwister. Also, ich sitz da auf den Steinen, da wächst überall schon Gras und Brennesseln und anderes Grünes. Ich halt ein Stück Brot in der Hand, das ist schon hart, aber meine Mutter sagt, altes Brot ist gesünder als frisches. In Wirklichkeit ist es deswegen, weil sie meint, am alten Brot muß man länger kauen und dann wird man von weniger satt. Bei mir stimmt das nicht. Plötzlich fällt mir ein Brocken herunter. Ich bück mich, aber im nämlichen Augenblick fährt eine rote Pfote aus den Brennesseln und angelt sich das Brot. Ich hab nur dumm schauen können, so schnell ist es gegangen. Und da seh ich, daß in den Brennesseln eine Katze hockt, rot wie ein Fuchs und ganz mager. »Verdammtes Biest«, sag ich und werf einen Stein nach ihr. Ich hab sie gar nicht treffen wollen, nur verscheuchen. Aber ich muß sie doch getroffen haben, denn sie hat geschrien, nur ein einziges Mal, aber so wie ein Kind. Fortgelaufen ist sie nicht. Da hat es mir leid getan, daß ich nach ihr geworfen hab, und ich hab sie gelockt. Aber sie ist nicht aus den Nesseln rausgegangen. Sie hat ganz schnell geatmet. Ich hab gesehen, wie ihr rotes Fell über dem Bauch auf und ab gegangen ist. Sie hat mich immerfort angeschaut mit ihren grünen Augen. Da hab ich sie gefragt: »Was willst du eigentlich?« Das war verrückt, denn sie ist doch kein Mensch, mit dem man reden kann. Dann bin ich ärgerlich geworden über sie und auch über mich, und ich hab einfach nicht mehr hingeschaut und hab ganz schnell mein Brot hinuntergewürgt. Den letzten Bissen, das war noch ein großes Stück, den hab ich ihr hingeworfen und bin ganz zornig fortgegangen.
Im Vorgarten, da waren Peter und Leni und haben Bohnen geschnitten. Sie haben sich die grünen Bohnen in den Mund gestopft, daß es nur so

geknirscht hat, und Leni hat ganz leise gefragt, ob ich nicht noch ein Stückchen Brot hab. »Na«, hab ich gesagt, »du hast doch genauso ein großes Stück bekommen wie ich und du bist erst neun, und ich bin dreizehn. Größere brauchen mehr.« – »Ja«, hat sie gesagt, sonst nichts. Da hat Peter gesagt: »Weil sie ihr Brot doch der Katze gegeben hat.« – »Was für eine Katze?« hab ich gefragt. »Ach«, sagt Leni, »da ist so eine Katze gekommen, eine rote, wie so ein kleiner Fuchs und so schrecklich mager. Die hat mich immer angeschaut, wie ich mein Brot hab essen wollen.« – »Dummkopf«, hab ich ärgerlich gesagt, »wo wir doch selber nichts zu essen haben.« Aber sie hat nur mit den Achseln gezuckt und ganz schnell zu Peter hingeschaut, der hat einen roten Kopf gehabt, und ich bin sicher, er hat sein Brot auch der Katze gegeben. Da bin ich wirklich ärgerlich gewesen und hab ganz schnell weggehen müssen.

Wie ich auf die Hauptstraße komm, steht da ein amerikanisches Auto, so ein großer langer Wagen, ein Buick, glaub ich, und da fragt mich der Fahrer nach dem Rathaus. Auf englisch hat er gefragt, und ich kann doch ein bißchen Englisch. »The next street«, hab ich gesagt, »and then left und then« – geradeaus hab ich nicht gewußt auf englisch, das hab ich mit dem Arm gezeigt, und er hat mich schon verstanden. – »And behind the church ist the marketplace with the Rathaus.« Ich glaub, das war ein ganz gutes Amerikanisch, und die Frau im Auto hat mir ein paar Schnitten Weißbrot gegeben, ganz weißes, und wie ich's aufklapp, ist Wurst dazwischen, ganz dick. Da bin ich gleich heimgerannt mit dem Brot. Wie ich in die Küche komm, da verstecken die zwei Kleinen schnell was unterm Sofa, aber ich hab es doch gesehen. Es ist die rote Katze gewesen. Und auf dem Boden war ein bißchen Milch verschüttet und da hab ich alles gewußt. »Ihr seid wohl verrückt«, hab ich geschrien, »wo wir doch nur einen halben Liter Magermilch haben im Tag, für vier Personen.« Und ich hab die Katze unterm Sofa herausgezogen und hab sie zum Fenster hinausgeworfen. Die beiden Kleinen haben kein Wort gesagt. Dann hab ich das amerikanische Weißbrot in vier Teile geschnitten und den Teil für die Mutter im Küchenschrank versteckt.

»Woher hast du das?« haben sie gefragt und ganz ängstlich geschaut. »Gestohlen«, hab ich gesagt und bin hinausgegangen. Ich hab nur schnell nachsehen wollen, ob auf der Straße keine Kohlen liegen, weil nämlich ein Kohlenauto vorbeigefahren war, und die verlieren manchmal was. Da sitzt im Vorgarten die rote Katze und schaut so an mir rauf. »Geh weg«, hab ich gesagt und mit dem Fuß nach ihr gestoßen. Aber sie ist nicht weggegangen. Sie hat bloß ihr kleines Maul aufgemacht und gesagt: »Miau.« Sie hat nicht geschrien wie andere Katzen, sie hat es einfach so gesagt, ich kann das nicht erklären. Dabei hat sie mich ganz starr angeschaut mit den grünen Augen. Da hab ich ihr voll Zorn einen Brocken von dem amerikanischen Weißbrot hingeworfen. Nachher hat's mich gereut.

Wie ich auf die Straße komm, da sind schon zwei andere da, Größere, die haben die Kohlen aufgehoben. Da bin ich einfach vorbeigegangen. Sie haben einen ganzen Eimer voll gehabt. Ich hab schnell hineingespuckt. Wär das mit der Katze nicht gewesen, hätte ich sie alle allein gekriegt. Und wir hätten ein ganzes Abendessen damit kochen können. Es waren so schöne

glänzende Dinger. Nachher hab ich dafür einen Wagen mit Frühkartoffeln getroffen, da bin ich ein bißchen drangestoßen, und da sind ein paar runtergekollert und noch ein paar. Ich hab sie in die Taschen gesteckt und in die Mütze. Wie der Fuhrmann umgeschaut hat, hab ich gesagt: »Sie verlieren Ihre Kartoffeln.« Dann bin ich schnell heimgegangen. Die Mutter war allein daheim, und auf ihrem Schoß, da war die rote Katze. »Himmeldonnerwetter«, hab ich gesagt »ist das Biest schon wieder da?« – »Red doch nicht so grob«, hat die Mutter gesagt, »das ist eine herrenlose Katze, und wer weiß, wie lange sie nichts mehr gefressen hat. Schau nur, wie mager sie ist.« – »Wir sind auch mager«, hab ich gesagt. »Ich hab ihr ein bißchen von meinem Brot gegeben«, hat sie gesagt und mich schief angeschaut. Ich hab an unsere Brote gedacht und an die Milch und an das Weißbrot, aber gesagt hab ich nichts. Dann haben wir die Kartoffeln gekocht, und die Mutter war froh. Aber woher ich sie hab, hat sie nicht gefragt. Meinetwegen hätte sie schon fragen können. Nachher hat die Mutter ihren Kaffee schwarz getrunken, und sie haben alle zugeschaut, wie das rote Biest die Milch ausgesoffen hat. Dann ist sie endlich durchs Fenster hinausgesprungen. Ich hab schnell zugemacht und richtig aufgeatmet. Am Morgen, um sechs, hab ich mich für Gemüse angestellt. Wie ich um acht Uhr heimkomm, sitzen die Kleinen beim Frühstück, und auf dem Stuhl dazwischen hockt das Vieh und frißt eingeweichtes Brot aus Lenis Untertasse. Nach ein paar Minuten kommt die Mutter zurück, die ist seit halb sechs beim Metzger angestanden. Die Katze springt gleich zu ihr hin, und wie die Mutter denkt, ich geb nicht acht, läßt sie ein Stück Wurst fallen. Es war zwar markenfreie Wurst, so graues Zeug, aber wir hätten sie uns auch gern aufs Brot gestrichen, das hätte Mutter doch wissen müssen. Ich verschluck meinen Zorn, nehm die Mütze und geh. Ich hab das alte Rad aus dem Keller geholt und bin vor die Stadt gefahren. Da ist ein Teich, in dem gibts Fische. Ich hab keine Angel, nur so einen Stecken mit zwei spitzen Nägeln drin, mit dem stech ich nach den Fischen. Ich hab schon oft Glück gehabt und diesmal auch. Es ist noch nicht zehn Uhr, da hab ich zwei ganz nette Dinger, genug für ein Mittagessen. Ich fahr heim, so schnell ich kann, und daheim leg ich die Fische auf den Küchentisch. Ich geh nur rasch in den Keller und sags der Mutter, die hat Waschtag. Sie kommt auch gleich mit herauf. Aber da ist nur mehr ein Fisch da und ausgerechnet der kleinere. Und auf dem Fensterbrett, da sitzt der rote Teufel und frißt den letzten Bissen. Da krieg ich aber die Wut und werf ein Stück Holz nach ihr, und ich treff sie auch.
Sie kollert vom Fensterbrett, und ich hör sie wie einen Sack im Garten aufplumpsen. »So«, sag ich, »die hat genug.« Aber da krieg ich von der Mutter eine Ohrfeige, daß es nur so klatscht. Ich bin dreizehn und hab sicher seit fünf Jahren keine mehr gekriegt. »Tierquäler«, schreit die Mutter und ist ganz blaß vor Zorn über mich. Ich hab nichts anderes tun können als fortgehen. Mittags hat es dann doch Fischsalat gegeben mit mehr Kartoffeln als Fisch. Jedenfalls sind wir das rote Biest los geworden. Aber glaub ja keiner, daß es besser gewesen ist. Die Kleinen sind durch die Gärten gelaufen und haben immer nach der Katze gerufen, und die Mutter hat jeden Abend ein Schälchen mit Milch vor die Tür gestellt, und sie hat mich vorwurfsvoll angeschaut. Und da hab ich selber angefangen, in allen

Winkeln nach dem Vieh zu suchen, es hätte ja irgendwo krank oder tot liegen können. Aber nach drei Tagen war die Katze wieder da. Sie hat gehinkt und hat eine Wunde am Bein gehabt, am rechten Vorderbein, das war von meinem Scheit. Die Mutter hat sie verbunden, und sie hat ihr auch was zu fressen gegeben. Von da an ist sie jeden Tag gekommen. Es hat keine Mahlzeit gegeben ohne das rote Vieh, und keiner von uns hat irgendwas vor ihm verheimlichen können. Kaum hat man was gegessen, so ist sie schon dagesessen und hat einen angestarrt. Und alle haben wir ihr gegeben, was sie hat haben wollen, ich auch. Obwohl ich wütend war. Sie ist immer fetter geworden, und eigentlich war es eine schöne Katze, glaub ich. Und dann ist der Winter sechsundvierzig auf siebenundvierzig gekommen. Da haben wir wirklich kaum mehr was zu essen gehabt. Es hat ein paar Wochen lang kein Gramm Fleisch gegeben und nur gefrorene Kartoffeln, und die Kleider haben nur so geschlottert an uns. Und einmal hat Leni ein Stück Brot gestohlen beim Bäcker vor Hunger. Aber das weiß nur ich. Und Anfang Februar, da hab ich zur Mutter gesagt: »Jetzt schlachten wir das Vieh.« – »Was für ein Vieh?« hat sie gefragt und hat mich scharf angeschaut. »Die Katze halt«, hab ich gesagt und hab gleichgültig getan, aber ich hab schon gewußt, was kommt. Sie sind alle über mich hergefallen. »Was? Unsere Katze? Schämst du dich nicht?« – »Nein«, hab ich gesagt, »ich schäm mich nicht. Wir haben sie von unserem Essen gemästet, und sie ist fett wie ein Spanferkel, jung ist sie auch noch, also?« Aber Leni hat angefangen zu heulen, und Peter hat mir unterm Tisch einen Fußtritt gegeben, und Mutter hat traurig gesagt: »Daß du so ein böses Herz hast, hab ich nicht geglaubt.« Die Katze ist auf dem Herd gesessen und hat geschlafen. Sie war wirklich ganz rund und sie war so faul, daß sie kaum mehr aus dem Haus zu jagen war. Wie es dann im April keine Kartoffeln mehr gegeben hat, da haben wir nicht mehr gewußt, was wir essen sollen. Eines Tages, ich war schon ganz verrückt, da hab ich sie mir vorgenommen und hab gesagt: »Also hör mal, wir haben nichts mehr, siehst du das nicht ein?« Und ich hab ihr die leere Kartoffelkiste gezeigt und den leeren Brotkasten. »Geh fort«, hab ich ihr gesagt, »du siehst ja, wie's bei uns ist.« Aber sie hat nur geblinzelt und sich auf dem Herd herumgedreht. Da hab ich vor Zorn geheult und auf den Küchentisch geschlagen. Aber sie hat sich nicht darum gekümmert. Da hab ich sie gepackt und untern Arm genommen. Es war schon ein bißchen dunkel draußen, und die Kleinen waren mit der Mutter fort, Kohlen am Bahndamm zusammenzusuchen. Das rote Vieh war so faul, daß es sich einfach forttragen hat lassen. Ich bin an den Fluß gegangen. Auf einmal ist mir ein Mann begegnet, der hat gefragt, ob ich die Katze verkauf. »Ja«, hab ich gesagt und hab mich schon gefreut. Aber er hat nur gelacht und ist weitergegangen. Und dann war ich auf einmal am Fluß. Da war Treibeis und Nebel und kalt war es. Da hat sich die Katze ganz nah an mich gekuschelt, und dann hab ich sie gestreichelt und mit ihr geredet. »Ich kann das nicht mehr sehen«, hab ich ihr gesagt, »es geht nicht, daß meine Geschwister hungern, und du bist fett, ich kann das einfach nicht mehr mit ansehen.« Und auf einmal hab ich ganz laut geschrien, und dann hab ich das rote Vieh an den Hinterläufen genommen und habs an einen Baumstamm geschlagen.

Aber sie hat bloß geschrien. Tot war sie noch lange nicht. Da hab ich sie an eine Eisscholle gehaut, aber davon hat sie nur ein Loch im Kopf bekommen, und da ist das Blut herausgeflossen, und überall im Schnee waren dunkle Flecken. Sie hat geschrien wie ein Kind. Ich hätte gern aufgehört, aber jetzt hab ich's fertig tun müssen. Ich hab sie immer wieder an die Eisscholle geschlagen, es hat gekracht, ich weiß nicht, ob es ihre Knochen waren oder das Eis, und sie war immer noch nicht tot. Eine Katze hat sieben Leben, sagen die Leute, aber die hat mehr gehabt. Bei jedem Schlag hat sie laut geschrien, und auf einmal hab ich auch geschrien, und ich war ganz naß vor Schweiß bei aller Kälte. Aber einmal war sie dann doch tot. Da hab ich sie in den Fluß geworfen und hab mir meine Hände im Schnee gewaschen, und wie ich noch einmal nach dem Vieh schau, da schwimmt es schon weit draußen mitten unter den Eisschollen, dann war es im Nebel verschwunden. Dann hat mich gefroren, aber ich hab noch nicht heimgehen mögen. Ich bin noch in der Stadt herumgelaufen, aber dann bin ich doch heimgegangen. »Was hast du denn?« hat die Mutter gefragt, »du bist ja käsweiß. Und was ist das für Blut an deiner Jacke?« – »Ich hab Nasenbluten gehabt«, hab ich gesagt. Sie hat mich nicht angeschaut und ist an den Herd gegangen und hat mir Pfefferminztee gemacht. Auf einmal ist mir schlecht geworden, da hab ich schnell hinausgehen müssen, dann bin ich gleich ins Bett gegangen. Später ist die Mutter gekommen und hat ganz ruhig gesagt: »Ich versteh dich schon. Denk nimmer dran.« Aber nachher hab ich Peter und Leni die halbe Nacht unterm Kissen heulen hören. Und jetzt weiß ich nicht, ob es richtig war, daß ich das rote Biest umgebracht hab. Eigentlich frißt so ein Tier doch gar nicht viel.

Aus: Luise Rinser, Ein Bündel weißer Narzissen, S. Fischer Verlag GmbH, Frankfurt am Main 1956 (Der Abdruck erfolgt mit freundlicher Genehmigung des Verlages).

Text 4:
James Krüss,
Die knipsverrückte Dorothee.

Dorothea kriegte gestern
einen Fotoapparat.
Und nun knipst sie unermüdlich
Hochformat und Querformat.
Dorothea hat Geschick:
Klick!

Dorothea knipste Bilder
von der Mutter mit dem Hut,
von dem Pinscher namens Satan
und der Patentante Ruth.
Auch vom Vater mit dem Schlips:
Knips!

Dorothea wurde kühner,
denn nun knipste sie sogar
Nachbars aufgescheuchte Hühner
und die Birke mit dem Star.
Mittags war der Film schon voll.
Toll!

Vater in der Dunkelkammer
hat den Film mit Müh und Zeit
bis zum Abendbrot entwickelt.
Aufgepaßt, es ist soweit!
Mutter zog die Bilder ab:
Schnapp!

Abends sah sich die Familie
sehr verdutzt die Bilder an.
Vater grinste, Mutter lachte,
Tante Ruth rief: »Sieh mal an!«
Dorothea aber sprach:
»Ach!«

Man sah Mutters halbe Nase,
obendrein ein Stück vom Hut.
Und die umgestülpte Vase
war ein Bein von Tante Ruth.
An der Birke sah man bloß
Moos.

Nachbars Hühner waren deutlich.
Aber keines sah man ganz.
Links sechs Beine, rechts ein Flügel,
und ganz oben war ein Schwanz.
Vaters Bild war nur ein Schlips:
Knips!

Auch vom Pinscher namens Satan
sah man nur das linke Ohr,
und das schaute wie ein Dreieck
hinterm Kohlenkasten vor.
Jeder rief: Ojemine!
Dorothee!

Aus: James Krüss, Der wohltemperierte Leierkasten, Gütersloh 1961 (Der Abdruck erfolgt mit freundlicher Genehmigung des Autors).

Text 5:
Theodor Fontane,
Archibald Douglas.

»Ich hab' es getragen sieben Jahr,
und ich kann es nicht tragen mehr,
wo immer die Welt am schönsten war,
da war sie öd und leer.

Ich will hintreten vor sein Gesicht
in dieser Knechtsgestalt,
er kann meine Bitte versagen nicht,
ich bin ja worden alt.

Und trüg' er noch den alten Groll,
frisch wie am ersten Tag,
so komme, was da kommen soll,
und komme, was da mag.«

Graf Douglas spricht's. Am Weg ein Stein
lud ihn zu harter Ruh,
er sah in Wald und Feld hinein,
die Augen fielen ihm zu.

Er trug einen Harnisch, rostig und schwer,
darüber ein Pilgerkleid. –
Da horch! vom Waldrand scholl es her
wie von Hörnern und Jagdgeleit.

Und Kies und Staub aufwirbelte dicht,
herjagte Meut' und Mann,
und ehe der Graf sich aufgericht't,
waren Roß und Reiter heran.

König Jakob saß auf hohem Roß,
Graf Douglas grüßte tief;
dem König das Blut in die Wangen schoß,
der Douglas aber rief:

»König Jakob, schaue mich gnädig an
und höre mich in Geduld!
Was meine Brüder dir angetan,
es war nicht meine Schuld.

Denk nicht an den alten Douglas-Neid,
der trotzig dich bekriegt,
denk lieber an deine Kinderzeit,
wo ich dich auf den Knien gewiegt.

Denk lieber zurück an Stirling-Schloß,
wo ich Spielzeug dir geschnitzt,
dich gehoben auf deines Vaters Roß
und Pfeile dir zugespitzt.

Denk lieber zurück an Linlithgow,
an den See und den Vogelherd,
wo ich dich fischen und jagen froh
und schwimmen und springen gelehrt.

O, denk an alles, was einstens war,
und sänftige deinen Sinn. –
Ich hab' es gebüßet sieben Jahr,
daß ich ein Douglas bin.«

»Ich seh' dich nicht, Graf Archibald,
ich hör' deine Stimme nicht;
mir ist, als ob ein Rauschen im Wald
von alten Zeiten spricht.

Mir klingt das Rauschen süß und traut,
ich lausch' ihm immer noch;
dazwischen aber klingt es laut:
Er ist ein Douglas doch!

Ich seh' dich nicht, ich höre dich nicht,
das ist alles, was ich kann;
ein Douglas vor meinem Angesicht
wär' ein verlorener Mann.«

König Jakob gab seinem Roß den Sporn;
bergan ging jetzt sein Ritt,
Graf Douglas faßte den Zügel vorn
und hielt mit dem Könige Schritt.

Der Weg war steil, und die Sonne stach,
und sein Panzerhemd war schwer;
doch ob er schier zusammenbrach,
er lief doch nebenher.

»König Jakob, ich war dein Seneschall,
ich will es nicht fürder sein,
ich will nur warten dein Roß im Stall
und ihm schütten die Körner ein;

ich will ihm selber machen die Streu
und es tränken mit eigener Hand:
Nur laß mich atmen wieder aufs neu
die Luft im Vaterland!

Und willst du nicht, so hab einen Mut,
und ich will es danken dir,
und zieh dein Schwert und triff mich gut
und laß mich sterben hier!«

König Jakob sprang herab vom Pferd,
hell leuchtete sein Gesicht;
aus der Scheide zog er sein breites Schwert,
aber fallen ließ er es nicht.

»Nimm's hin, nimm's hin und trag es neu
und bewache mir meine Ruh!
Der ist in tiefster Seele treu,
der die Heimat liebt wie du.

Zu Roß! Wir reiten nach Linlithgow,
und du reitest an meiner Seit';
da wollen wir fischen und jagen froh
als wie in alter Zeit.«

Aus: Theodor Fontane, Sämtliche Werke. Nymphenburger Verlagshandlung GmbH, München 1959ff. (Der Abdruck erfolgt mit freundlicher Genehmigung des Verlages).

Text 6:
Paul Celan,
Fadensonnen.

Fadensonnen
über der grauschwarzen Ödnis.
Ein baum-
hoher Gedanke
greift sich den Lichtton: es sind
noch Lieder zu singen jenseits
der Menschen.

Aus: Paul Celan, Ausgewählte Gedichte, Suhrkamp Verlag, Frankfurt am Main 1977 (Der Abdruck erfolgt mit freundlicher Genehmigung des Verlages).

Anmerkungen

A. Anmerkungen zur Einführung

1 Lemberg, E.: Bildungsrevolution durch Bildungspläne. In: Kaltenbrunner, G.-K. (Hrsg.): Klassenkampf und Bildungsreform. Freiburg 1974, S. 38/39.

2 Meumann, E.: Vorlesungen zur Einführung in die experimentelle Pädagogik und ihre psychologischen Grundlagen. Leipzig 1911.

3 Dietrich, D.: Unterrichtspsychologie der Sekundarstufe. Donauwörth 1972.
Klausmeier, H. J. und Ripple, R. E.: Moderne Unterrichtspsychologie (Deutsche Übersetzung) [1–4]. München, Basel 1973 ff.
Ausubel, D. P.: Psychologie des Unterrichts, Bd. I, II (deutsche Übersetzung). Weinheim – Basel 1974.
Tewes, U.: Einführung in die Unterrichtspsychologie. Stuttgart 1976
Keil, W.: Psychologie des Unterrichts. München 1977

4 Gage, N. L. (Hrsg.): Handbook of Research on Teaching. Chicago 1963. Deutsche Bearbeitung: Ingenkamp, K. und Parey, E.: Handbuch der Unterrichtsforschung. Weinheim – Berlin – Basel 1970 ff.
Dohmen, G., Maurer, F., Popp, W.: Unterrichtsforschung und didaktische Theorie. München 1972[2].

5 Winnefeld, F.: Zur Methodologie der pädagogischen Tatsachenforschung. Teil I und II. In: Wissenschaftl. Zeitschrift der Martin-Luther-Universität Halle-Wittenberg, 3/1955 und 4/1956.
Medley, D. H. und Mitzel, H. E.: Measuring Classroom Behavior by Systematic Observation. In: Gage, N. L.: a. a. O.
Flanders, N. A.: Teacher Influence, Pupil Attitudes and Achievement: Studies in Interaction Analysis. U.S. Department of Health, Education and Welfare, Office of Education, Cooperative Research Project N. 397. Minneapolis 1960.
Schulz, W. u. a.: Verhalten im Unterricht. Seine Erfassung durch Beobachtungsverfahren. In: Ingenkamp, K. und Parey, E.: a. a. O., S. 638 ff.

6 Strunz, K. V. (Hrsg.): Pädagogische Psychologie für Höhere Schulen. München – Basel 1959.
Horney, W. u. a.: Handbuch für Lehrer, Bd. I, II, III. Gütersloh 1960 ff.

7 Hansen, W. (Hrsg.): Psychologie der Unterrichtsfächer der Volksschule. München 1955 ff.
In dieser Reihe erschienen z. B. folgende Veröffentlichungen:
Hillebrand, M. J.: Kind und Sprache, Teil I. Grundschulalter. Psychologische Voraussetzungen des Deutschunterrichts in der Volksschule. München 1955.
Roth, H.: Kind und Geschichte. Psychologische Voraussetzungen des Geschichtsunterrichts in der Volksschule. München 1955.
Ploetz, F.: Kind und lebendige Natur. Psychologische Voraussetzungen der Naturkunde in der Volksschule. München 1955 u. a. m.

8 Heisterkamp, G.: Psychologische Prinzipien des Mathematik- und des Physikunterrichts. Castelaun 1973.
Solmecke, G.: Psychologische Grundlagen des neusprachlichen Unterrichts. Castelaun 1973.

Vogel, K. und Vogel, S.: Lernpsychologie und Fremdsprachenerwerb. Tübingen 1975.

9 Küppers, W.: Zur Psychologie des Geschichtsunterrichts. Eine Untersuchung über Geschichtswissen und Geschichtsverständnis bei Schülern. Bern – Stuttgart 1961 (1966[2]).
Küppers, W.: Zur Psychologie des Politischen Unterrichts. In: Westermanns Pädagogische Beiträge 1, 1976, S. 87 – 97.
Küppers, W.: Zur Psychologie des Erdkundeunterrichts. In: Fick, K. E. (Hrsg.): Innovationen in der Didaktik der Geographie. In: Beiheft Geographische Rundschau, Braunschweig 1, 1976, S. 13 – 19.

10 Bildungspläne für die allgemeinbildenden Schulen im Lande Hessen. In: Amtsblatt des Hessischen Ministers für Erziehung und Volksbildung. Sondernummer 2, Wiesbaden 1957, S. 142.

11 Rahmenrichtlinien, Sekundarstufe I Deutsch. Der Hess. Kultusminister, Frankfurt/M. 1973, S. 5.

12 Rahmenrichtlinien a.a.O., S. 9.
Vgl. auch: Ivo, H.: Handlungsfeld: Deutsch, Frankfurt/M. 1975.

13 Richtlinien und Lehrpläne, Freie und Hansestadt Hamburg. Behörde für Schule, Jugend und Berufsbildung (Hrsg.) Band II 1974, S. 3.

14 Lehrplan für die Grundschule in Bayern. 1. April 1971, Donauwörth 1971, S. 9.

15 Lehrplan für die Grundschule in Bayern a.a.O., S. 9.

16 Grundsätze, Richtlinien, Lehrpläne für die Hauptschule in Nordrhein-Westfalen. Eine Schriftenreihe des Kultusministers, Heft 30, Wuppertal, Ratingen, Düsseldorf 1968, S. B 3/1.

B. Anmerkungen zu Kapitel I

1 Bühler, K.: Die geistige Entwicklung des Kindes. Jena 1921,[2] S. 206/207.

2 Weisgerber, L.: Muttersprache und Geistesbildung. Göttingen 1929, S. 44.

3 Hörmann, H.: Anfänge der Sprache. In: Psychologische Rundschau XIX, 3, 1968, S. 164.

4 v. Allesch, J.: Über das Verhältnis des Allgemeinen zum realen Einzelnen. In: Archiv f. d. ges. Psychologie III, 1942, S. 29.

5 Kochan, D. C.: Forschung im Bereich des muttersprachlichen Unterrichts. In: Ingenkamp, K. und Parey, E.: Handbuch der Unterrichtsforschung Teil III, Weinheim – Berlin – Basel 1971, S. 2693.

6 Hörmann, H.: Psychologie der Sprache. Berlin – Heidelberg – New York 1967, S. 17.

7 Hörmann, H.: a.a.O., S. 18.

8 Ananiew, L.: The Basis of Spatial Discrimination. In: Simon, B.: Psychology in the Soviet Union. London 1957, S. 13.

9 Kroh, O.: Die Psychologie des Grundschulkindes. Langensalza 1931, S. 289.

10 Doderer, K.: Wege in die Welt der Sprache. Stuttgart 1969, S. 8.

11 Smith, M. E.: An Investigation of the Development of the Sentence and the Extent of Vocabulary in Young Children. In: Univ. Jowa Stud. Child. Welfare, 3 Nr. 5, 1926.

12 Schenk-Danzinger, L.: Entwicklungspsychologie. Wien 1977,[11], hier Tabelle Smith, S. 77.
13 Scupin, E. und Scupin, G.: Bubis erste Kindheit. Leipzig 1907.
Stern, C. und Stern, W.: Die Kindersprache. Leipzig 1907, 1927[10].
Bühler, Ch.: Kindheit und Jugend. Leipzig 1928. Göttingen 1967.
14 Smith, M. E.: Measurement of the Size of General English Vocabulary through the Elementary Grades and High School. In: Genetic Psychology Monographs 24, 1941.
15 Olson, W. C.: Die Entwicklung des Kindes. Deutsche Übersetzung. Bad Homburg – Berlin 1953, hier Tabelle Smith, S. 117.
16 Descoeudres, A.: Le dévelopement de l'enfant de deux à sept ans. Delachaux et Niestlé, Neuchâtel. Paris 1921.
Oerter, R.: Moderne Entwicklungspsychologie. Donauwörth 1969,[4] hier Tab. Descoeudres, S. 452.
17 Hetzer, H. und Reindorf, B.: Sprachentwicklung und soziales Milieu. In: Zt. f. ang. Psychologie 29, 1928. Neudruck Wiss. Buchgesellsch. Darmstadt 1969, S. 162.
18 Templin, M. C.: Certain Language Skills in Children. Minneapolis. Univ. Minnesota Press 1957.
19 Oevermann, U.: Schichtenspezifische Formen des Sprachverhaltens und ihr Einfluß auf die kognitiven Prozesse. In: Roth, H. (Hrsg.): Begabung und Lernen. Stuttgart 1969[3], hier Zitat Templin, S. 311.
20 Bernstein, B.: Language and sozial class. In: British J. Soz. 11, 1960.
Bernstein, B.: Soziokulturelle Determinanten des Lernens. In: Zeitschrift für Soziologie und Sozialpsychologie. Sonderheft 4, 1959, S. 52 – 79.
21 Oevermann, U.: Sprache und soziale Herkunft. Frankfurt/M. 1972.
22 Oevermann, U.: a.a.O., S. 188.
23 Bericht der Frankfurter Allgemeinen Zeitung vom 22. 6. 1977. Die Untersuchung wurde durchgeführt von Prof. Dr. W. Rest.
24 Schultze, W.: Der Wortschatz in der Grundschule. Stuttgart 1957.
25 Schultze, W.: a.a.O., S. 11.
26 Schultze, W.: a.a.O., S. 17.
27 nach Schultze, W.: a.a.O., S. 15.
28 Oerter, R.: a.a.O., S. 466.
29 Bayer, R.: Schriftsprachliche Unterschiede im dritten, sechsten und neunten Schuljahr an Hand von Bildbeschreibungen. Wissenschaftliche Hausarbeit für das Lehramt an Haupt- und Realschulen. Frankfurt/M. 1975 (unveröffentlicht).
30 Bayer, R.: a.a.O., S. 9.
31 Doderer, K.: a.a.O.
32 Zur Prüfung des Wortverständnisses bietet der Verlag Julius Beltz, Weinheim in Zusammenarbeit mit dem Deutschen Institut für Internationale Pädagogische Forschung Frankfurt Wortschatztests an, die für verschiedene Jahrgangsstufen geeicht sind (Lieferung über Beltz, Weinheim).
Zum Sprachtraining vgl.: Schüttler-Janikula, K. und Quart, R.: Arbeitsmappen zum Sprachtraining und zur Intelligenzförderung. Oberursel o. J.
Kratzmeier, H.: Sprach- und Denktraining. Weinheim – Berlin – Basel 1970.

C. Anmerkungen zu Kapitel 2

1 Kainz, F.: Die Sprachentwicklung im Kindes- und Jugendalter. München 1964, S. 69.
2 Stern, C. und Stern, W.: Psychologie der frühen Kindheit. Leipzig 1921[2], S. 150.
3 Deußing, H.: Der sprachliche Ausdruck des Schulkindes (1927). Neudruck: In: Helmers, H.: Zur Sprache des Kindes. Darmstadt 1969, S. 87.
4 McCarthy, D.: Language Development. Monogr. Soz. Res. Child Development 1960, 25 No 3, 5–14.
5 Hurlock, E. B.: Die Entwicklung des Kindes (Deutsche Übersetzung). Weinheim 1971[2], S. 176.
6 Schenk-Danzinger, L.: Entwicklungspsychologie. Wien 1977[11], S. 78.
7 zitiert nach Schenk-Danzinger, L.: a.a.O., S. 81.
8 Oevermann, U.: Sprache und soziale Herkunft. Frankfurt/M. 1972, S. 210.
Vgl. Roeder, R.: Sprache, Sozialstatus und Schulerfolg 1968. In: Helmers a.a.O., S. 496ff.
Vgl. Niepold, W.: Sprache und soziale Schicht. Berlin 1971[3].
9 Templin, M. C.: Certain Language skills in children. Minneapolis 1957, S. 134.
10 McNeill, D.: Die Erschaffung der Sprache. In: Ewert, O. M.: Entwicklungspsychologie, Bd. I, Köln 1972, S. 281–290.
11 McNeill, D.: a.a.O., S. 289.
12 Brown, R. und Bellugi, C.: Drei Prozesse des Erwerbs der Syntax beim Kind. In: Ewert, O. M.: a.a.O., S. 305.
13 Brown, R. und Bellugi, C.: a.a.O., S. 305.
14 Hörmann, H.: Psychologie der Sprache. Berlin–Heidelberg–New York 1967, S. 319 (1970)[2].
15 Vgl. Bühler, H. und Mühle, G.: Sprachentwicklungspsychologie. Weinheim–Basel 1974.
Vgl. Grimm, H.: Psychologie der Sprachentwicklung. Stuttgart 1977.
16 Bosch, B.: Grundlagen des Erstleseunterrichts. Ratingen 1949[2], S. 94.
17 Bericht eines Kollegen.
18 Bericht einer Mutter.
19 Ferchland, G.: Volkstümliche Hochsprache. Hamburg 1935, S. 21.
20 Doderer, K.: Wege in die Welt der Sprache. Stuttgart 1960 (1969[3]), S. 12.
21 Doderer, K.: a.a.O., S. 32/33.
22 Deußing, H.: a.a.O., S. 93.
23 Deußing, H.: a.a.O., S. 72.
24 Kölsch, I.: Mündliche und schriftliche Ausdrucksformen des Sprachlichen im dritten Schuljahr. Wissenschaftl. Hausarbeit für das Lehramt an Volks- und Mittelschulen. Jugenheim/Bergstr. 1961 (unveröffentlicht).
25 Kölsch, I.: a.a.O., S. 7.
26 Kölsch, I.: a.a.O., S. 16.
27 Kölsch, I.: a.a.O., S. 17.
28 Hansen, W.: Die Entwicklung des kindlichen Weltbildes. München 1965[6], S. 345.
29 Zander, S.: Psychologie und Sprachdidaktik. Bochum 1978, S. 100.
30 Beckmann, H.: Ein Beitrag zur grammatischen Entwicklung der schriftsprachlichen Darstellung im Schulalter. (1927) in: Helmers, H.: a.a.O., S. 132–150.

31 Diese Tabelle wurde nach dem Material von Beckmann von Schenk-Danzinger zusammengestellt.
Schenk-Danzinger, L.: a.a.O., S. 220.
32 Schenk-Danzinger, L.: a.a.O., S. 221.
33 Folgende Feldstudien zeigten die gleiche Tendenz:
Gilbert, E.: Der Stilwandel im Schüleraufsatz zwischen dem 6. und 7. Schuljahr. Wissenschaftl. Hausarbeit für das Lehramt an Volks- und Mittelschulen. Jugenheim/Bergstr. 1958 (unveröffentlicht).
Flach, R.: Formmerkmale des Sprachlichen im 6. und 7. Volksschuljahr. Wissenschaftl. Hausarbeit für das Lehramt an Volks- und Mittelschulen. Jugenheim/Bergstr. 1958 (unveröffentlicht)
34 Vgl. Kupfer, H.: Spracherwerb und Sprachbesitz von Schülern der Grund- und Hauptschule, Weinheim – Basel 1967.
35 Bayer R.: Schriftsprachliche Unterschiede im dritten, sechsten und neunten Schuljahr anhand von Bildbeschreibungen. Wissenschaftl. Hausarbeit für das Lehramt an Haupt- und Realschulen. Frankfurt/M. 1975 (unveröffentlicht).
36 Bayer, R.: a.a.O., S. 13.
37 Bayer, R.: a.a.O., S. 17.
38 Doderer, K.: a.a.O., S. 39/40.
39 Bayer, R.: a.a.O., S. 46.
40 Bayer, R.: a.a.O., S. 49.
41 Bayer, R.: a.a.O., S. 53.
42 Bayer, R.: a.a.O., S. 63.
43 Neuhaus, W.: Der Aufbau der geistigen Welt des Kindes. München – Basel 1962^2, S. 135ff.
44 Diese Tabelle wurde aus dem Material von Neuhaus von Schenk-Danzinger zusammengestellt.
Schenk-Danzinger, L.: a.a.O., S. 224.
45 Auch diese Tabelle wurde aus dem Material von Neuhaus von Schenk-Danzinger zusammengestellt.
Schenk-Danzinger, L. a.a.O., S. 225.
46 Obrig, I.: Kinder erzählen angefangene Geschichten weiter. München – Berlin 1933.
47 Küppers, W.: Nachkontrolle der Arbeit von Obrig, I.: Kinder erzählen angefangene Geschichten weiter. Durchführung an 87 Vor- und Volksschulkindern im Alter von 4 bis 14 Jahren in Wichmannshausen, Kr. Eschwege. Seminararbeit Göttingen 1940 (unveröffentlicht).
48 Hetzer, H.: Die entwicklungsbedingten Stilformen von kindlichen und jugendlichen Schreibern. In: Lebendige Schule 1954, S. 33ff.
Hetzer, H. und Flakowski, H.: Die entwicklungsbedingten Stilformen von kindlichen und jugendlichen Schreibern. Harms Pädag. Reihe, Heft 7^3, München 1962.
49 Busemann, A.: Stil und Charakter. Meisenheim/Glan 1948
Busemann, A.: Krisenjahre im Ablauf der menschlichen Jugend. Ratingen 1953.
50 Schenk-Danzinger, L.: a.a.O., S. 227ff.
51 Pregel, D.: Zum Sprachstil des Grundschulkindes. Düsseldorf 1970.
52 Pregel, D.: a.a.O., S. 167.
53 Schneider, E.: Kinder erzählen angefangene Geschichten weiter. Eine Vergleichsuntersuchung zu der Arbeit von Obrig I. Wissenschaftl. Hausarbeit für das Lehramt an Haupt- und Realschulen. Frankfurt/M. 1973 (unveröffentlicht).
Ähnliche Ergebnisse hatte auch die Studie von Flohr gebracht:

Flohr, R.: Weitererzählung angefangener Geschichten im Schulalter. Wissenschaftliche Hausarbeit für das Lehramt an Volks- und Mittelschulen. Jugenheim/Bergstr. 1960 (unveröffentlicht).
54 Obrig, I. a.a.O., S. 12.
55 Obrig, I.: a.a.O., S. 26.
56 Schneider, E.: a.a.O., S. 40.
57 Hetzer, H.: a.a.O. 1954, S. 25.
58 Pregel, D.: a.a.O., S. 117.
59 Pregel, D.: a.a.O., S. 191.

D. Anmerkung zu Kapitel 3

1 Doderer, K.: Didaktische Grundprobleme der muttersprachlichen und literarischen Bildung. In: Zeitschrift für Pädagogik, 3. Beiheft Weinheim – Düsseldorf 1963, S. 73.
2 Helmers, H.: Zehn Thesen zur literarischen Bildung. In: Westermanns Pädagogische Beiträge 5, 1969, S. 250.
3 Baumgärtner, A. Ch.: Lehrplanentwicklung in der Spannung zwischen Mehrheitsentscheidung und Verpflichtung zur Toleranz. In: Der Deutschunterricht 3, 1978, S. 21ff. und S. 49.
4 Linz, H. K.: Tendenzen, Unterschiede und Gemeinsamkeiten in neueren Deutschlehrplänen für die Sekundarstufe I. In: Der Deutschunterricht 3, 1978, S. 17.
5 Rahmenrichtlinien, Sekundarstufe I, Deutsch. Der Hessische Kultusminister, Frankfurt/M. 1973, S. 47.
6 Ehlert, K., Hoffacker, H., Ide, H. (Bremer Kollektiv): Thesen über Erziehung zu kritischem Lesen. In: Hoppe, O.: Kritik und Didaktik des literarischen Verstehens. Kronberg/Ts. 1976, S. 185.
7 Grundsätze, Richtlinien, Lehrpläne für die Hauptschule in Nordrhein-Westfalen. Eine Schriftenreihe des Kultusministers, Heft 30, Wuppertal – Ratingen – Düsseldorf 1968, S. B 3/1.
8 Dahrendorf, M.: Texte-Lesen-Unterricht. In: Westermanns Pädagogische Beiträge 10, 1976. S. 547.
9 Kaiser, A.: Zur Frage der Leserentwicklung. In: Westermanns Pädagogische Beiträge 11, 1976, S. 634.
10 Weber, H.-W.: Didaktische Folgen der Rezeptionsästhetik. In: Deutschunterricht 2, 1977, S. 3.
11 Delius, A.: Einige Schwierigkeiten der Kommunikation über Literatur im Unterricht. In: Deutschunterricht 2, 1977, S. 49.
12 Willenberg, H.: Textstrukturen und Leseprozesse: Wahrnehmungspsychologische Fundierung empirischer Untersuchungen. In: Hoppe, O.: a.a.O., S. 154.
13 Eggert, H., Berg, H.-Chr., Rutschky, M.: Die im Text versteckten Schüler. Probleme einer Rezeptionsforschung in praktischer Absicht. In: Grimm, G. (Hrsg.): Literatur und Leser. Theorien und Modelle zur Rezeption literarischer Werke. Stuttgart 1975, S. 273.
14 Weber, H.-W.: a.a.O., S. 5.
15 Beinlich, A.: Die Entwicklung des Lesers. In: Baumgärtner, A. Ch. (Hrsg.): Lesen – ein Handbuch. Hamburg 1974.
16 Bühler, Ch.: Das Märchen und die Phantasie des Kindes. In: Zeitschrift für angewandte Psychologie, Beiheft 7, 1918, 1929[3], München 1958.

Vgl. Bamberger, R.: Jugendlektüre – Jugendschriftenkunde, Leseunterricht, Literaturerziehung. Wien 1965[2].
Groeben, N.: Jungleserpsychologie. In: Doderer, K. (Hrsg.): Lexikon der Kinder- und Jugendliteratur, Bd. 2, Weinheim – Basel 1977.

17 Schliebe-Lippert, E.: Der Mensch als Leser. Entwicklungsverlauf der literarästhetischen Erlebnisfähigkeit. In: Schmücker, E.: Begegnung mit dem Buch. Ratingen o. J. 1950, S. 47 – 59.

18 Beinlich, A.: a.a.O., S. 197.

19 Giehrl, H. E.: Der junge Leser. Einführung in Grundfragen der Jungleserkunde und der literarischen Erziehung. Donauwörth 1968, S. 29.

20 Kaiser, M.: a.a.O., S. 641.

21 Groeben, N. a): Literaturpsychologie, Stuttgart 1972, S. 78.

22 Grimm, G.: Einführung in die Rezeptionsforschung. In: Grimm, G. a.a.O., S. 84.

23 Grimm, G.: a.a.O., S. 13.

24 Grimm, G.: a.a.O., S. 75.

25 Bauer, W., u.a.: Text und Rezeption. Wirkungsanalyse zeitgenössischer Lyrik am Beispiel des Gedichtes »Fadensonnen« von Paul Celan. In: Dehn, W. (Hrsg.): Ästhetische Erfahrung und literarisches Lernen. Frankfurt/M. 1973.

26 Flesh, R. F.: The art of readable writing. Harper + Row, New York 1948.

27 Groeben, N. b): Die Verständlichkeit von Unterrichtstexten. Münster 1972, S. 19.

28 Coleman, E. B.: Learning of prose written in four grammatical transformations. J. appl. Psychol. 49, 1965, S. 332 – 341.

29 Paivio, A.: Imagery and Language. In: Segal, S. J. (ed.) Imagery. Current cognitive approaches, New York 1971.

30 Spearrit, D.: Identification of subskills of reading comprehension by maximum likelihood factor analysis. Read. Res. Quart. VIII 1972, S. 100.

31 Teigeler, P.: Satzstruktur und Lernverhalten. Bern 1972, S. 90.

32 Hofer, M.: Textverständlichkeit: Zwischen Theorie und Praxeologie. In: Unterrichtswissenschaft 1/1976, S. 146.

33 Schulz v. Thun, F.: Die Aneignung von Kenntnissen im Unterricht durch verständliche Lehrtexte. In: Unterrichtswissenschaft 2/1976, S. 101.

34 Schulz, v. Thun, F.: a.a.O., S. 101.

35 Schulz v. Thun, F., Götz, F. W.: Mathematik verständlich erklären. Ein Trainingsprogramm für Mathematiklehrer. München – Berlin – Wien 1976.

36 Groeben, N.: 1972 b) a.a.O., S. 3.

37 Groeben, N.: 1972 b) a.a.O., S. 48.

38 Groeben, N.: 1972 b) a.a.O., S. 116.

39 Groeben, N.: 1972 b) a.a.O., S. 116.

40 Auf die Textsortendiskussion kann hier nicht eingegangen werden.
Vgl. Stocker, K.: Textsorten. In: Taschenlexikon der Literatur- und Sprachdidaktik. Bd. 2, Kronberg/Ts. 1976.
Vgl. die Beiträge zum Germanistentag 1979, der unter dem Thema: »Textsorten und Gattungen« stand.

41 Winnefeld, F.: Zur Methodologie der pädagogischen Tatsachenforschung. Teil I und II, Wiss. Zeitschrift der Martin-Luther-Universität Halle-Wittenberg, 3/1955 und 4/1956.

Vgl. Müller-Petersen, E.: Kleine Anleitung zur pädagog. Tatsachenforschung und ihrer Verwendung. Simons-Verlag Marburg/L. 1951.
42 Groeben, N.: Rezeptionsforschung als empirische Literaturwissenschaft. Paradigma – durch Methodendiskussion an Untersuchungsbeispielen. Kronberg/Ts. 1977.
Vgl. Link, H.: Rezeptionsforschung. Eine Einführung in Methoden und Probleme. Stuttgart 1976.
43 Steffens, W., Bachmann, D., Bachmann, F., Chiout, H.: Das Gedicht in der Grundschule. Strukturanalysen – Lernziele – Experimente. Frankfurt/M. 1973.
44 Frank, G. und Riethmüller, W.: Deutschstunden in der Sekundarstufe. Unterrichtsvorbereitung und Unterrichtsanalyse. Stuttgart 1970.
45 Eggert, H., Berg, H. Ch., Rutschky, M. u.a.: Schüler im Literaturunterricht. Ein Erfahrungsbericht. Köln 1975.
46 Neumann, E.: Das Verständnis des Kindes für Fabeln. Wissenschaftl. Hausarbeit für das Lehramt an Volks- und Mittelschulen. Jugenheim/Bergstr. 1961 (unveröffentlicht).
47 Dwinger, A.: Möglichkeiten und Grenzen spontanen Verstehens eines Lesestoffes bei zwölf- bis vierzehnjährigen Volksschülern. Wissenschaftl. Hausarbeit für das Lehramt an Volks- und Realschulen. Frankfurt/M. 1964 (unveröffentlicht).
48 Walldorf, G.: Das literarische Verständnis bei Kindern der Volksschuloberstufe. Empirische Untersuchung am Beispiel einer unbekannten Ballade. Wissenschaftl. Hausarbeit für das Lehramt an Volks- und Realschulen. Frankfurt/M. 1964 (unveröffentlicht).
49 Bauer, W., u.a.: a.a.O.
50 Hillmann, H.: Rezeption – Empirisch. In: Müller-Seidel, W. u.a.: Historizität in Sprach- und Literaturwissenschaft. Vorträge und Berichte der Stuttgarter Germanistentagung 1972, München 1974, S. 433–448.
51 Kreis, R.: Fabel und Tiergleichnis. In: Ide, H. (Hrsg.): Projekt Deutschunterricht, Bd. I, Stuttgart 1973[3], S. 60.
52 Kreis, R.: a.a.O., S. 60.
53 Doderer, K.: Fabeln, Formen, Figuren, Modelle. Freiburg–Zürich 1970.
54 Neumann, E.: a.a.O.
55 Neumann, E.: a.a.O., S. 20.
56 Neumann, E.: a.a.O., S. 35.
57 Neumann, E.: a.a.O., S. 38/39.
58 Neumann, E.: a.a.O., S. 45.
59 Neumann, E.: a.a.O., S. 47.
60 Lorbe, R.: Die deutsche Kurzgeschichte der Jahrhundertmitte. In: Deutschunterricht 1/1957, S. 40.
61 Pointek, H.: Graphik in Prosa. In: Buchstab – Zauberstab. Esslingen 1959.
62 Thiemermann, F. J.: Kurzgeschichten im Deutschunterricht. Bochum 1976[11], S. 10.
63 Dwinger, A.: a.a.O.
64 Dwinger, A.: a.a.O., S. 21/22.
65 Dwinger, A.: a.a.O., S. 27.
66 Dwinger, A.: a.a.O., S. 30.
67 Dwinger, A.: a.a.O., S. 40.
68 Frank, G. und Riethmüller, W.: a.a.O.
69 Frank, G. und Riethmüller, W.: a.a.O., S. 81–84.

70 Frank, G. und Riethmüller, W.: a.a.O., Lehrerfrage Nr. 70.
71 Frank, G. und Riethmüller, W.: a.a.O., Schülerfrage Nr. 94.
72 v. Wilpert, G.: Sachwörterbuch der Literatur. Stuttgart 1969[5], S. 650.
73 Musil, R.: Die Verwirrungen des Zöglings Törleß. Hamburg 1962[4], (Rororo 300).
74 Eggert, H., Berg, H. Ch., Rutschky, M.: a.a.O.
75 Eggert, H., Berg, H. Ch., Rutschky, M.: a.a.O., S. 111.
76 Eggert, H., Berg, H. Ch., Rutschky, M.: a.a.O., S. 112.
77 Eggert, H., Berg, H. Ch., Rutschky, M.: a.a.O., S. 113.
78 Eggert, H., Berg, H. Ch., Rutschky, M.: a.a.O., S. 113/114.
79 Eggert, H., Berg, H. Ch., Rutschky, M.: a.a.O., S. 115.
80 Eggert, H., Berg, H. Ch., Rutschky, M.: a.a.O., S. 119.
81 Eggert, H., Berg, H. Ch., Rutschky, M.: a.a.O., S. 120.
82 Eggert, H., Berg, H. Ch., Rutschky, M.: a.a.O., S. 121.
83 Eggert, H., Berg, H. Ch., Rutschky, M.: a.a.O., S. 123.
84 Eggert, H., Berg, H. Ch., Rutschky, M.: a.a.O., S. 124.
85 Eggert, H., Berg, H. Ch., Rutschky, M.: a.a.O., S. 124/125.
86 Eggert, H., Berg, H. Ch., Rutschky, M.: a.a.O., S. 128.
87 Eggert, H., Berg, H. Ch., Rutschky, M.: a.a.O., S. 129.
88 Eggert, H., Berg, H. Ch., Rutschky, M.: a.a.O., S. 129/130.
89 Eggert, H., Berg, H. Ch., Rutschky, M.: a.a.O., S. 130.
90 Eggert, H., Berg, H. Ch., Rutschky, M.: a.a.O., S. 131.
91 Vgl. Schliebe-Lippert, E.: a.a.O.
92 Pielow, W.: Das Gedicht im Unterricht – Wirkungen, Chancen, Zugänge. München 1965, S. 30.
93 Helmers, H.: Didaktik der deutschen Sprache. Stuttgart 1966, S. 271.
94 Schulz, B.: Der literarische Unterricht. Düsseldorf o.J., S. 197ff.
95 Helmers, H.: Lyrischer Humor. Strukturanalyse und Didaktik der komischen Versliteratur. Stuttgart 1971, S. 36ff.
96 Krüss, J.: Naivität und Kunstverstand. Gedanken zur Kinderliteratur. Weinheim 1969, S. 106.
97 Steffens, W., u.a.: a.a.O., S. 17.
98 Steffens, W., u.a.: a.a.O., S. 16.
99 Steffens, W., u.a.: a.a.O., S. 21ff.
100 Steffens, W., u.a.: a.a.O., S. 21.
101 Steffens, W., u.a.: a.a.O., S. 22.
102 Steffens, W., u.a.: a.a.O., S. 23.
103 Steffens, W., u.a.: a.a.O., S. 23.
104 Steffens, W., u.a.: a.a.O., S. 24.
105 Steffens, W., u.a.: a.a.O., S. 24.
106 Baumgärtner, A. Ch.: Literaturunterricht mit dem Lesebuch. Dreißig didaktische Modelle. Bochum 1974, S. 83.
107 Kayser, W.: Geschichte der deutschen Ballade. Berlin 1943.
108 Kämpchen, P. L.: Von den Typen der deutschen Ballade. In: Deutschunterricht 4/1956, S. 5–13.
109 v. Münchhausen, B.: Meisterballaden. Ein Führer zur Freude. Stuttgart o.J., S. 10.
110 Walldorf, G.: a.a.O.
111 Walldorf, G.: a.a.O., S. 26.
112 Walldorf, G.: a.a.O., S. 42.
113 Walldorf, G.: a.a.O., S. 48.
114 v. Münchhausen, B.: a.a.O., S. 169.
115 Enzensberger, H. M.: Vorwort zu: Museum der modernen Poesie. München 1964, S. 14.

116 Benn, G.: Gesammelte Werke, Bd. 1, Wiesbaden 1959, S. 507.
117 Lorbe, R.: Spuren, Elemente der Lyrik im Kinderreim. In: Akzente, Zeitschrift für Dichtung. München 1954, S. 282.
118 Ulshöfer, R.: Einführung. In: Deutschunterricht 6/1976, S. 4.
119 Bauer, W., u. a.: a. a. O.
120 Bauer, W., u. a.: a. a. O., S. 238.
121 Bauer, W., u. a.: a. a. O., S. 240.
122 Bauer, W., u. a.: a. a. O., S. 241.
123 Bauer, W., u. a.: a. a. O., S. 242.
124 Bauer, W., u. a.: a. a. O., S. 245.
125 Bauer, W., u. a.: a. a. O., S. 249/250.
126 Bauer, W., u. a.: a. a. O., S. 251.
127 Bauer, W., u. a.: a. a. O., S. 261.
128 Bauer, W., u. a.: a. a. O., S. 257.
129 Iser, W.: Die Appellstruktur der Texte. Konstanz 1970.
130 Mierke, K.: Begabung, Bildung und Bildsamkeit. Bern – Stuttgart 1963, S. 76.
131 Eggert, H. u. a.: Die im Text versteckten Schüler. Probleme einer Rezeptionsforschung in praktischer Absicht. In: Grimm, G.: a. a. O., S. 273.
132 Eggert, H. u. a.: Zur notwendigen Revision des Rezeptionsbegriffs. In: Müller-Seidel, W. u. a.: a. a. O., S. 426.
133 Delius, A.: a. a. O., S. 57.
134 Delius, A.: a. a. O., S. 57.
135 Delius, A.: a. a. O., S. 58.
136 Delius, A.: a. a. O., S. 60.
137 Delius, A.: a. a. O., S. 60.
138 Hopster, N.: Lesen als unterrichtliches Sprachhandeln und als Diskurs. In: Westermanns Pädag. Beiträge 10/1976, S. 558.
139 Kleinschmidt, G.: Methoden der Leseerziehung. In: Baumgärtner, A. Ch. (Hrsg.): Lesen – ein Handbuch, a. a. O., S. 442.
140 Hillmann, H.: a. a. O., S. 446.
141 Crossen, H. J.: Effects of the attitudes of the reader upon critical reading ability. In: Educ. Res. 42/1948, S. 289 – 298.
Vgl. Crossen, H. J.: Der Einfluß der Einstellung des Lesers auf seine Fähigkeit zu kritischem Lesen. In: Heuermann, H. u. a.: Literarische Rezeption. Paderborn 1975, S. 142 – 152.
142 Williams, E. D. u. a.: Tests zur Messung des Literaturverständnisses. In: Heuermann, H. u. a.: a. a. O., S. 266.
Dem interessierten Lehrer seien zur Prüfung des Leseverständnisses seiner Schüler folgende Tests empfohlen: Anger, H. u. a.: Verständiges Lesen VL 5 – 6 und VL 7 – 9. Weinheim 1971.
143 Diese verschiedenen Ebenen des literarischen Verständnisses werden gestützt durch die von mir herausgestellten Stufen des geschichtlichen Verständnisses. Vgl. Küppers, W.: Zur Psychologie des Geschichtsunterrichts. Bern – Stuttgart 1966[2], S. 120 ff.